珍藏版

夜航船

全鉴

〔明〕张岱◎著

东篱子◎解译

中国纺织出版社有限公司

国家一级出版社

全国百佳图书出版单位

内容提要

《夜航船》不仅是一部百科全书，也是作者张岱眼中的大千世界。夜航船是古代南方水乡长途苦旅的象征。人们外出都要坐船，在时日缓慢的航行途中，坐着无聊，便以闲谈消遣，谈话内容包罗万象。《夜航船》并非高深莫测的古书，而是用较为浅显的文言叙述的文化常识，这些条目绝大多数都是人们熟知的内容，包括天文部、地理部、人物部、考古部、伦类部等二十个章节。《夜航船全鉴》对其内容进行了精心的注释与翻译，便于读者在忙碌之余轻松阅读。

图书在版编目（CIP）数据

夜航船全鉴：珍藏版 /（明）张岱著；东篱子解译. --北京：中国纺织出版社有限公司，2019. 8

ISBN 978-7-5180-6358-1

Ⅰ. ①夜… Ⅱ. ①张… ②东… Ⅲ. ①笔记—中国—明代 ②中国历史—史料—明代 ③《夜航船》—译文 Ⅳ. ①K248.066

中国版本图书馆CIP数据核字（2019）第130364号

策划编辑：于磊岚　　特约编辑：金　彤

责任校对：寇晨晨　　责任印制：储志伟

中国纺织出版社有限公司出版发行

地址：北京市朝阳区百子湾东里 A407 号楼　邮政编码：100124

销售电话：010—67004422　传真：010—87155801

http：//www.c-textilep.com

E-mail：faxing@c-textilep.com

中国纺织出版社天猫旗舰店

官方微博 http://weibo.com/2119887771

北京华联印刷有限公司印刷　各地新华书店经销

2019 年 8 月第 1 版第 1 次印刷

开本：710×1000　1/16　印张：20

字数：311 千字　定价：68.00 元

前言

《夜航船》是一部三百多年前的“百科全书”，也是作者张岱眼中的大千世界。张岱（1597—1679），明末清初的散文家，字宗子、石公，号陶庵，又号蝶庵居士，山阴（今浙江绍兴）人，长期侨寓钱塘（今浙江杭州）。因祖先“家本剑州”（今四川剑阁、梓潼等地），所以常自称“古剑陶庵老人”或“蜀人张岱”。

张岱生于书香世家，幼习举子业，却屡次不中，遂转攻诗文。张岱以文学中的小品散文（即小品风格的散文）而闻名。其文风率真自然、清新轻俊，又蕴含幽深孤峭的笔触，时有诙谐之趣。

张岱一生著作甚多。据其《自为墓志铭》所载：“其所成者，有《石匮书》《张氏家谱》《义烈传》《琅嬛文集》《明易》《大易用》《史阙》《四书遇》《说铃》《昌谷解》《快园道古》《傒囊十集》《西湖梦寻》《一卷冰雪文》行世。”此外，尚有《有明于越三不朽名贤图赞》《琯朗乞巧录》等数种。在传世的文学作品中，最著名的是他的文字清奇、情感真挚、短隽有味的散文集《陶庵梦忆》，为学习笔记小品的楷模。《琅嬛文集》所收的序、记、檄、传、墓志铭、祭文等，对于研究张岱的家世行实，有很大的参考价值。他以数十年时间完成的《石匮书》，记载洪武至天启二百六十年间的史事，材料宏富而翔实。《石匮书后集》记载崇祯一朝及南明史事，史料价值也很高。《石匮书后集》《陶庵梦忆》等著作，真实而生动地反映了晚明社会生活的某些侧面，作者十分同情惨遭清兵杀戮的民族志士，表达了深切的故国之思。

张岱是个才情型的学者，《夜航船》一书的内容包罗万象，涉及约四千多个条目，总计二十卷，是一部比较有规模的分类百科全书。其中很多条目是张岱广泛涉猎各种典章文献和异闻之后，严加采撷，以己之言连属起来的，其本身就是一部可读性极强、其味隽永的小品文。

编撰此书的目的，正如作者在全书序言中所说："天下学问，惟夜航船中最难对付。盖村夫俗子，其学问皆预先备办"，如"瀛洲十八学士""云台二十八将"之类，必须逐一报名，对答如流，如若"稍差其姓名，辄掩口笑之"，甚或只错落一人，就被认为孤陋寡闻，传为笑柄。作者考虑到当时这种学习风气和初学者的实际需要，在介绍各类知识时，注意简明切要，特别着眼于文理，而反对那种"无益于文理考校"的"两脚书橱"式的死记硬背。当然，张岱所说的学问标准，和今天的学问标准已经有很大的不同，但他所倡导的"学以致用"的一些基本精神，仍然是有可取之处的。

"夜航船"是古代南方水乡长途苦旅的象征。人们外出都要坐船，在时日缓慢的航行途中，坐着无聊，便以闲谈消遣，所以谈话的内容也包罗万象。对于当今社会的我们，阅读《夜航船》一书，可以开阔我们的视野，扩大我们的知识面，同时也能在工作和生活上给我们一些有益的指导。《夜航船全鉴》对其内容进行了精心的注释与翻译，便于读者在忙碌之余轻松阅读。

本书平装本自出版以来，广受读者欢迎和喜爱。为满足大家的收藏、馈赠需要，现特以精装形式推出，敬请品鉴。

解译者

2019 年 2 月

目录

卷一 天文部

卷二 地理部

卷三 人物部

卷四 考古部

卷五　伦类部

卷六　选举部

卷七 政事部

卷八 文学部

卷九 礼乐部

卷十 兵刑部

卷十一 日用部

卷十二 宝玩部

卷十三 容貌部

卷十四 九流部

卷十五 外国部

卷十六 植物部

卷十七　四灵部

卷十八　荒唐部

卷十九　物理部

卷二十 方术部

卷一 天文部

象纬

九天

【原文】

东方苍天，南方炎天，西方浩天，北方玄天，东北旻天，西北幽天，西南朱天，东南阳天，中央钧天。

日、月、星谓之三光。日、月合金、木、水、火、土五星谓之七政，又谓之七曜①。日月所止舍，一日更②七次，谓之七襄。

【注释】

①曜（yào）：日、月、星均称“曜”。

②更：变换。

【译文】

东方叫苍天，南方叫炎天，西方叫浩天，北方叫玄天，东北叫旻天，西北叫幽天，西南叫朱天，东南叫阳天，中央叫钧天。

太阳、月亮和星星统称“三光”。太阳、月亮与金、木、水、火、土五星称为“七政”，也可以称为“七曜”。太阳、月亮所停之处，一天之内要变换七次，这叫作“七襄”。

二十八宿

【原文】

东方七宿：角，木蛟；亢，金龙；氐①，土貉；房，日兔；心，月狐；尾，火虎；箕，水豹。北方七宿：斗，木獬②；牛，金牛；女，土蝠：虚，日鼠；危，月燕；室，火猪；壁，水貐。西方七宿：奎，木狼；娄，金狗；胃，土雉；昴，日鸡；毕，月乌；觜，火猴；参，水猿。南方七宿：井，木犴；鬼，金羊；柳，土獐；星，日马；张，月鹿；翼，火蛇；轸，水蚓。

【注释】

①氐（dī）：星名，二十八宿之一。

②獬（xiè）：古代传说中的异兽，能辨曲直，见有人争斗就用角去顶坏人。

【译文】

东方有七个星宿，分别是：角，木蛟；亢，金龙；氐，土貉；房，日兔；心，月狐；尾，火虎；箕，水豹。北方七宿分别是：斗，木獬；牛，金牛；女，土蝠；虚，日鼠；危，月燕；室，火猪；壁，水㺄。西方七宿分别是：奎，木狼；娄，金狗；胃，土雉；昴，日鸡；毕，月乌；觜，火猴；参，水猿。南方七宿分别是：井，木犴；鬼，金羊；柳，土獐；星，日马；张，月鹿；翼，火蛇；轸，水蚓。

分野

【原文】

角、亢、氐：郑，兖州。房、心：宋，豫州。尾、箕：燕，幽州。斗、牛、女：吴，扬州。虚、危：齐，青州。室、壁：卫，并州。奎、娄、胃：鲁，徐州。昴、毕：赵，冀州。觜、参：晋，益州。井、鬼：秦，雍州。柳、星、张：周，三河。翼、轸：楚，荆州。

【译文】

角、亢、氐三个星宿在地面上对应的国家是郑，对应的州是兖州。房、心两个星宿对应的国家是宋，对应的州是豫州。尾、箕两个星宿对应的国家是燕，对应的州是幽州。斗、牛、女三个星宿对应的国家是吴，对应的州是扬州；虚、危两个星宿对应的国家是齐，对应的州是青州。室、壁两个星宿对应的国家是卫，对应的州是并州。奎、娄、胃三个星宿对应的国家是鲁，对应的州是徐州。昴、毕两个星宿对应的国家是赵，对应的州是冀州。觜、参两个星宿对应的国家是晋，对应的州是益州。井、鬼两个星宿对应的国家是秦，对应的州是雍州。柳、星、张三个星宿对应的国家是周，对应的州是三河。翼、轸两个星宿对应的国家是楚，对应的州是荆州。

纳音五行

【原文】

甲子乙丑海中金，丙寅丁卯炉中火，戊辰己巳大林木，庚午辛未路旁土，壬申癸酉剑锋金，甲戌乙亥山头火，丙子丁丑涧下水，戊寅己卯城头土，庚辰辛巳金蜡金，壬午癸未杨柳木，甲申乙酉泉中水，丙戌丁亥屋上土，戊子己丑霹雳火，庚寅辛卯松柏木，壬辰癸巳长流水，甲午乙未沙中金，丙申丁酉山下火，戊戌己亥平地水，庚子辛丑壁上土，壬寅癸卯金箔金，甲辰乙巳覆灯火，丙午丁未天河水，戊申己酉大驿土，庚戌辛亥钗钏金，壬子癸丑桑柘木，甲寅乙卯大溪水，丙辰丁巳沙中土，戊午己未天上火，庚申辛酉石榴木，壬戌癸亥大海水。

【译文】

以五音十二律相合的六十音与六十甲子相配，再以五行为序，排列如下：甲子乙丑海中金，丙寅丁卯炉中火，戊辰己巳大林木，庚午辛未路旁土，壬申癸酉剑锋金，甲戌乙亥山头火，丙子丁丑涧下水，戊寅己卯城头土，庚辰辛巳金蜡金，壬午癸未杨柳木，甲申乙酉泉中水，丙戌丁亥屋上土，戊子己丑霹雳火，庚寅辛卯松柏木，壬辰癸巳长流水，甲午乙未沙中金，丙申丁酉山下火，戊戌己亥平地水，庚子辛丑壁上土，壬寅癸卯金箔金，甲辰乙巳覆灯火，丙午丁未天河水，戊申己酉大驿土，庚戌辛亥钗钏金，壬子癸丑桑柘木，甲寅乙卯大溪水，丙辰丁巳沙中土，戊午己未天上火，庚申辛酉石榴木，壬戌癸亥大海水。

忧天坠

【原文】

《列子》①：杞国有人常忧天坠②，身无所寄，至废寝食。比人心多过虑，犹如杞人忧天。

【注释】

①《列子》：又称《冲虚经》，是道家重要典籍，由郑人列御寇所著，所著年代不详，大体是春秋战国时代。

②坠：塌陷。

【译文】

《列子》中记载了这样一个故事：古时候，有个杞国人常常担心天会坍塌，自己就没有安身之处了，以至于到了吃不好也睡不好的地步。这个典故用来比喻人心中所思太多，就好像杞人忧天。

回天

【原文】

天者，君象；回者，言挽回君心也。唐太宗欲修洛阳宫①，张玄素谏，止之。魏徵曰：“张公有回天之力②。”

【注释】

①洛阳宫：隋唐洛阳皇宫。隋时称紫微宫。贞观元年，唐太宗号洛阳宫，

武则天时称太初宫。

②回天之力：原比喻言论正确，极有力量，影响深远。现多比喻能挽回严峻局面的力量。

【译文】

古时候，皇帝是“天”的象征，而“回”指挽回皇帝的想法。有次，唐太宗李世民想修建洛阳宫，被张玄素劝阻了。魏徵说：“张公有回天的功劳。”

戴天

【原文】

《礼记》①：君父之仇，不共戴天。兄弟之仇，不反兵革②。交游之仇，不与同国。

【注释】

①《礼记》：相传为西汉戴圣对秦汉以前汉族礼学著作加以辑录，编纂而成，共四十九篇，反映了战国以后及西汉时期社会的变动，包括社会制度、礼仪制度和人们观念的继承和变化。

②兵革：兵器和甲胄的总称。泛指武器装备。

【译文】

《礼记》中记载：对待君主和父亲的仇人，不能与他在同片天空下共存。对待兄弟的仇人，不能把武器放下。而对于朋友的仇人，不能与他在同一国家。

补天

【原文】

女娲氏炼石补天。

【译文】

女娲氏曾经炼五色石来补天。

如天

【原文】

《通鉴》①：帝尧其仁如天，其智如神，就②之如日，望之如云。

【注释】

①《通鉴》：即《资治通鉴》，由北宋司马光主编的中国第一部编年体通史。

②就：靠近。

【译文】

《资治通鉴》记载：尧帝犹如上天一般仁爱，犹如神明一样充满智慧，靠近他就像接近太阳，仰望着他就像仰望白云一样。

二天

【原文】

后汉苏章①为冀州刺史。行部，有故人清河守，赃奸。章至，设酒叙欢。守曰："人皆有一天，我独有二天。"章曰："今日与故人饮，私恩也；明日冀州按事，公法也。"遂正其罪。

【注释】

①苏章：字儒文，东汉扶风平陵（今属陕西咸阳西北）人。顺帝时任冀州刺史。

【译文】

东汉时期，苏章任冀州刺史，有次巡行考核下属的时候，碰到一位故人在清河当长官，并知道了这位故人贪赃违纪的事。苏章到了清河，设宴款待这位旧友，相谈甚欢。这位旧友说："每个人头上只有一个天，而我却有两重天。"苏章说："今天和老朋友谈天喝酒，是私人的交情；明天到冀州办案，我就要公事公办了。"果然，苏章秉公执法，对那位故友依法治罪。

五星会天

【原文】

《通鉴》：颛顼①作历，以孟春之月为元。是岁正月朔旦立春，五星会于天，历营室。

【注释】

①颛顼（zhuān xū）：中国上古部落联盟首领，"五帝"之一，姬姓，号高阳氏，黄帝之孙。

【译文】

《资治通鉴》记载：颛顼帝在制作历法时，把春季第一个月作为一年的开始。当年的正月初一立春，五大行星在天上会合，经过了北方的营室星。

日月

【原文】

东隅①，日出之地；桑榆②，日入之地。日拂③扶桑，谓之及时；日经细柳，谓之过时。

【注释】

①东隅：太阳升起的地方。

②桑榆：太阳落下的地方。

③拂：轻轻擦过。

【译文】

东隅是太阳升起的地方，而桑榆是太阳落下的地方。太阳经过扶桑，叫作“及时”；而太阳经过细柳，叫作“过时”。

龙猇

【原文】

《天文志》①：日月会于龙猇②。

《广雅》③：日初出为旭，日昕曰晞，日温曰煦。日在午曰亭午，在未曰昳④，日晚曰旰，日将落曰晡。

【注释】

①《天文志》：是专门记载朝代之天文异象之书。《汉书》始有《天文志》这一专有名词。《汉书》中的《天文志》是马续所辑，历代皆沿用。

②猇（dòu）：二十八宿尾星名。

③《广雅》：我国最早的一部百科词典，是仿照《尔雅》体裁编纂的一部训诂学汇编。

④昳（dié）：（太阳）偏西。

【译文】

《天文志》记载：太阳和月亮在龙猇相会。

《广雅》记载：日出之时称为“旭”，天刚亮称为“晞”，阳光温暖称为“煦”。太阳在中午时称为“亭午”，太阳偏西称为“昳”，太阳在傍晚称为“旰”。太阳即将下落称为“晡”。

向日取火

【原文】

阳燧①以铜为之，形如镜，向日则火生，以艾承之则得火。

【注释】

①阳燧（suì）：古代用铜制作的镜子形状的利用太阳取火的器具。

【译文】

阳燧是古代用铜制作的，形状如同镜子，对着太阳就能生火，用艾绒去点就能得到火。

夸父追日

【原文】

《列子》：夸父不量力，欲追日影，逐之于旸谷之际，渴欲得饮。赴河饮不足，将北走大泽中，道渴而死。

【译文】

《列子》记载了夸父逐日的故事：夸父不自量力，以一己之力追赶太阳的影子，追到旸谷的北边，口渴想喝水。到黄河去喝水，不够喝，又向北去大泽，在去的路上渴死了。

白虹贯日

【原文】

荆轲入秦刺秦皇，燕太子丹送之易水上，精诚格天，白虹贯日。

【译文】

荆轲准备到秦国刺杀秦王，燕国太子丹送别荆轲至易水之上，他的真诚之心通达上天，天上出现了一道白虹横贯太阳的奇异景象。

白驹过隙

【原文】

《魏豹传》：人生易老，如白驹①过隙②。

【注释】

①白驹：白色骏马。

②隙：缝隙。

【译文】

《汉书·魏豹传》记载：人的一生很短暂，时间流逝得飞快，就像白色的骏马从缝隙前疾驰而过。

黄绵袄

【原文】

冬月之日，有黄绵袄之称。

【译文】

冬天的太阳，有“黄绵袄”之称。

月桂

【原文】

《酉阳杂俎》①：月桂②高五百丈，有一人常伐之，树创随合。其人姓吴名刚，西河人，学仙有过，谪令伐桂。桂下有玉兔杵药。

【注释】

①《酉阳杂俎》：唐代小说，作者是段成式。书中内容一部分属志怪传奇类，另一部分则记载各地与异域珍异之物。

②月桂：月中的桂树。

【译文】

《酉阳杂俎》记载：月上有棵桂树高五百余丈，有个人在月亮上一直砍树，但树上的创口能立刻愈合。这个人名叫吴刚，是西河人，醉心于仙道，因为学习仙术时犯了过错，被罚在这里砍桂树。桂树下还有一只玉兔在捣药。

日出而作

【原文】

尧时，有老人含哺鼓腹，击壤而歌，曰：“日出而作，日入而息；凿井而饮，耕田而食。帝力何有于我哉？”

【译文】

尧帝的时候，有一位老人口含食物，手拍肚子，一边击壤一边唱歌，唱的是："太阳出来我就去劳作，太阳落山我就回家休息；想喝水就自己挖井，想吃饭就自己种地。皇帝对我有什么影响呢？"

日亡乃亡

【原文】

桀尝自言："吾有天下，如天之有日；日亡，吾乃亡耳！"

【译文】

夏朝的桀曾经自大地说："我拥有天下，就像天空中拥有太阳；太阳消失了，我才会灭亡！"

如冬夏之日

【原文】

夏日烈，冬日温。赵盾①为人，严而可畏，故比如夏日；赵衰②为人，和而可爱，故比如冬日。

【注释】

①赵盾：（前655—前601），即赵宣子，时人尊称其赵孟或宣孟。春秋中前期晋国卿大夫，赵衰之子，杰出的政治家、战略指挥家。晋文公之后，晋国出现的第一位权臣。

②赵衰（cuī）：（？—前622），即赵成子。嬴姓，赵氏，字子余，一曰子馀，谥号曰"成季"。亦称孟子馀。赵国君主的祖先，是辅佐晋文公称霸的五贤士之一。

【译文】

夏天的太阳猛烈，冬天的太阳温和。晋国大臣赵盾生性严厉，让人畏惧不敢轻易靠近，所以将他比作夏天的太阳；而其父亲赵衰待人温和，他人都愿意与之亲近，所以将他比作冬天的太阳。

蜀犬吠日

【原文】

柳①文：庸、蜀②之南，恒雨少日，日出则群犬吠③之。

【注释】

①柳：指柳宗元（773—819），字子厚，汉族，河东人，唐宋八大家之一，唐代文学家、哲学家、散文家和思想家。

②庸、蜀：泛指四川。庸、蜀皆为古国名。庸在川东夔州一带，蜀在成都一带。

③吠：狗叫。

【译文】

柳宗元曾在文章中说：在庸、蜀的南边，总是阴雨连绵很少见到太阳。所以太阳一出来，那里的狗都会对着太阳狂叫。

日食在晦

【原文】

汉建武七年三月晦[①]，日食，诏上书不得言圣。郑兴上疏曰："顷年日食，每多在晦；先时而合，皆月行疾[②]也；日，君象；月，臣象。君亢急，则臣促迫，故月行疾。"时帝躬勤政事，颇伤严急，故兴奏及之。

【注释】

①晦：是阴历每月最后一天，朔日的前一天。

②疾：快。

【译文】

汉代光武帝建武七年三月末，天上出现了日食现象，皇帝便下诏令命群臣在向皇帝上书时，全都要避免提及"圣"字。当时光武帝很勤奋地处理政事，但有些过于严厉与急躁，于是郑兴便借此劝谏皇帝说："近年来日食常常发生在月末。日食提前发生是因为月亮走得太快了。太阳是君主的象征，月亮是臣子的象征。君主若太过于严厉急躁，那么臣子处理事务也会过于严苛，因此就会导致月亮走得太快。"

太阴

【原文】

《史记》[①]：太阴之精上为月。《淮南子》[②]：月御曰望舒，亦曰纤阿，中有玉兔。

【注释】

①《史记》：是由司马迁撰写的中国第一部纪传体通史。记载了上自上古传说中的黄帝时代，下至汉武帝元狩元年间共三千多年的历史。

②《淮南子》：又名《淮南鸿烈》《刘安子》，西汉皇族淮南王刘安及其门客

集体编写的一部哲学著作，杂家作品。

【译文】

《史记》记载：月亮是由天地间阴气的精华上升凝聚而成。《淮南子》记载：月亮的驾驭者叫望舒，也叫纤阿，月亮中有玉兔。

瑶光贯月

【原文】

《通鉴》：昌意①娶蜀山氏之女曰女枢，感瑶光贯月之祥，生颛顼高阳氏于若水。

【注释】

①昌意：上古时代传说中的人物。传说他是黄帝和嫘祖的儿子。

【译文】

《通鉴》记载：黄帝之子昌意娶了蜀山氏的女儿女枢为妻，女枢看到有瑶光贯月的祥瑞，便在若水生下了颛顼高阳氏。

论月

【原文】

徐稚年九岁，尝月下戏。人语之曰："若令月中无物，当极明耶？"稚曰："不然。譬如人眼中有瞳子，无此必不明。"

【译文】

九岁的徐稚，有次在月亮下玩耍时，有人问他："如果月亮中没有其他任何东西的话，会不会更加明亮呢？"徐稚回答说："不会的。就像人眼睛中瞳仁，如果没有了肯定不会亮了。"

如月之初

【原文】

后汉黄琬①，祖父琼，为太尉，以日

食状闻。太后诏问所食多少，琼对未知所况。琬年七岁，时在旁，曰："何不言日食之馀②，如月之初。"琼大惊，即以其言对。

【注释】

①黄琬：（141—192），字子琰。江夏郡安陆县（今湖北安陆北）人。东汉中后期名臣，太尉黄琼之孙。

②馀：剩余的。

【译文】

东汉黄琬的祖父黄琼官至太尉。有一次，他向太后禀报日食的情况。太后问他日食有多少，黄琼不知道怎么回答。七岁的黄琬就在旁边，说："为什么不说日食剩下的部分就像每月初一的月亮。"黄琼很惊异，随后便用这个说法来报告太后了。

吴牛喘月

【原文】

《风俗通》①：吴牛苦于日，故见月而喘。

【注释】

①《风俗通》：即《风俗通义》，汉唐人多引作《风俗通》，东汉泰山太守应劭著。汉代民俗著作。

【译文】

《风俗通》记载：吴地的牛被太阳晒怕了，所以见到晚上的月亮就使劲喘气。

星

北斗七星

【原文】

第一天枢，第二璇，第三玑，第四权，第五玉衡，第六开阳，第七瑶光。第一至第四为魁，第五至第七为杓，合之为斗。按《道藏经》①：七星，一贪狼，二巨门，三禄存，四文曲，五廉贞，六武曲，七破军。堪舆家用此。

斗柄东，则天下皆春；斗柄南，则天下皆夏；斗柄西，则天下皆秋；斗柄北，则天下皆冬。

《史记》：中宫、文昌下六星，两两相比，名曰三能。台，三台。色齐，君臣和；不齐，为乖戾。

【注释】

①《道藏经》：又名《道经》《道藏》，是我国文物图籍宝库中的一部珍品。目前，中国仅存《道藏经》三部，均系明代的《正续道藏》，由张宇初修编。

【译文】

第一颗星是天枢，第二颗星是璇，第三颗星是玑，第四颗星是权，第五颗星是玉衡，第六颗星是开阳，第七颗星是瑶光。第一至第四颗连起来是勺的头，第五至第七颗星连起来是勺的柄，合起来就是勺子的形状。按《道藏经》记载说：北斗七星，一是贪狼，二是巨门，三是禄存，四是文曲，五是廉贞，六是武曲，七是破军。很多勘察风水的人都惯用此说法。

如果北斗七星的勺柄在东边，世间就是春天；若在南边，世间就是夏天；若在西边，世间就是秋天；若在北边，世间就是冬天。

《史记》记载：北斗星所在的中宫文昌星下的六颗星，两两相对，就叫“三能”。也称台、三台。这些星的光亮度若一样，就意味着君臣相处和谐；不一样，君臣关系就不和谐。

参商

【原文】

高辛氏①二子，长阏伯，次沉实，自相争斗。帝②乃迁长于商丘，主商，昏见；迁次于大夏，主参，晓见。二星永不相见。

长庚即太白金星，朝见东方，曰启明；夕见西方，曰长庚。

【注释】

①高辛氏：姜姓，中国古代氏族。高辛氏族形成于少昊金天氏政权时期。其父系先祖为黄帝氏族，母系先祖为炎帝氏族。

②帝：帝喾（kù），姓姬，为上古五帝之一，黄帝的曾孙。

【译文】

阏伯和沉实是帝喾高辛氏的两个儿子，他们两个之间互相争斗。帝喾就把大儿子阏伯迁到商丘，让他主商星，晚上出现；把小儿子沉实迁到大夏，让他主参星，白天出现。从此，兄弟二人便永不能相见。

长庚星就是太白金星，早上在东方出现，叫启明；晚上在西方出现，叫长庚。

太白经天

【原文】

太白，阴星，昼当伏①，昼见即为经天；若经天，则天下草昧②，人更主，是谓乱纪，人民流亡。

应劭③曰："上阶上星为男主，下星为女主；中阶上星为三公，下星为卿大夫；下阶上星为上士，下星为庶人。三阶平则天下太平，三阶不平则百姓不宁，故曰六符。"

【注释】

①伏：隐藏。

②草昧：形容时世混乱黑暗。

③应劭：（153—196），东汉学者，字仲瑗，汝南郡南顿县（今河南项城市南顿镇）人。

【译文】

太白星是阴星，白天应当隐藏起来，如果白天出现就叫"经天"；如果出现了"经天"，那意味着天下将陷入黑暗的时代，国家就要更换君主，这叫"乱纪"，百姓此时会遭受流亡之苦。

东汉学者应劭说："三阶六星中上阶的上星为男子之主，下星为女子之主；中阶上星为朝廷的三公，下星为朝廷的卿大夫；下阶上星为士人，下星为百姓。三阶若平列天下则太平，若不平则百姓不能安宁，所以这六颗星也叫'六符'。"

五星奎聚

【原文】

宋乾德五年三月，五星聚于奎。初，窦俨①与卢多逊②、杨徽之③周显德中同为谏官。俨善推步星历，尝曰："丁卯岁五星聚奎，自此天下始太平。二拾遗见之，俨不与也。"吕氏中曰："奎星固太平之象，而实重启斯文之兆也。文治精华，已露于斯矣。"

【注释】

①窦俨：（918—960）字望之，蓟州渔阳县（今天津市蓟县）人。历仕后晋、后汉、后周各朝，屡任史官。

②卢多逊：（934—985），怀州河内（今河南沁阳）人，北宋宰相。后周显

德初年进士。北宋建立后，官至兵部尚书、宰相。

③杨徽之：（921—1000），字仲猷，建州浦城（今属福建）人。宋代官员、宋初第一代诗人中的佼佼者。

【译文】

宋乾德五年三月，五大行星聚集于主管文运的奎宿。当初，窦俨、卢多逊、杨徽之三人在后周显德年间同朝为官，都是谏官。其中窦俨对推算未来的事比较擅长，他曾经说过："丁卯年五大行星会聚集于奎宿，象征天下以后都是太平的。您二位拾遗大人还能有幸看到，我就不行了。"宋代吕中《宋大事记讲议》中说："奎星固然是太平的预兆，但是实际上也重现开启了斯文之兆。本朝文治的精华，已经在此处显现了。"

风云

四时风

【原文】

郎仁宝[①]曰：春之风，自下升上，纸鸢因之以起；夏之风，横行空中，故树杪多风声；秋之风，自上而下，木叶因之以陨；冬之风，著土而行，是以吼地而生寒。

【注释】

①郎仁宝：郎瑛（1487—1566），字仁宝，仁和（今浙江杭州）人，明藏书家。著有《七修类稿》，明代文言笔记小说集。

【译文】

郎瑛在《七修类稿》中记载：春天的风是从下往上刮的，所以风筝才能飞起来；而夏天的风是在空中横行，所以能从树梢听到风声；秋天的风是从上向下，树木的叶子因此而飘落；冬天的风贴着地面吹，所以地面上能发出巨大的响声，而且还生出冰冷的寒气。

少女风

【原文】

管辂[①]过清河，倪太守以天旱为忧。辂曰："树上已有少女微风，树间已有阳鸟和鸣：其雨至矣。”果如其言。

【注释】

①管辂：（209—256），字公明，平原（今山东德州平原县）人。三国时期曹魏术士。历史上著名的术士，被后世奉为卜卦观相的祖师。

【译文】

管辂路过清河时，看到倪太守忧心忡忡，为天旱担忧。管辂说：“仔细观察树梢，已经出现少女般的微风，树林间还有阳鸟在相互鸣叫，雨很快就会降临的。”果然像他说的那样，雨如期而至。

泰山云

【原文】

《公羊传》①：泰山之云，触石而起，肤寸而合，不崇朝而雨天下。

【注释】

①《公羊传》：即《春秋公羊传》，儒家经典之一。相传其作者为子夏的弟子，战国时齐人公羊高。

【译文】

《公羊传》记载：泰山的云一碰到石头就会升起来，而且很小的云气也会融合在一起，不一会儿就会雨遍天下。

沆瀣

【原文】

夜半清气从北方起者，谓之沆瀣①。

【注释】

①沆瀣（hàng xiè）：夜间的水气、露水。

【译文】

半夜里有清气从北方升起来，就叫“沆瀣”。

白云孤飞

【原文】

狄仁杰①尝赴并州法掾，登太行山，见白云孤飞，泣曰：“吾亲舍其下。”

【注释】

①狄仁杰：（630—700），字怀英，并州太原（今山西太原）人，唐代武周时期政治家。

【译文】

狄仁杰曾去并州入法掾一职，去登了太行山，看到一片白云独自飘过，不禁触景生情，流着泪说："我的父母亲就住在那白云之下啊！"

云霞

【原文】

云，山川之气也。日旁彩云名霞，东西二方赤色，亦日霞。《易经》①："云从龙，风从虎。"孔子曰："于我如浮云。"

【注释】

①《易经》：我国最古老的文献之一，原名《易》《周易》，汉代人通称为《易经》，是中国儒家典籍六经之一（诗、书、礼、乐、易、春秋）。

【译文】

云由山川间的气形成。太阳旁边的彩色云叫霞，东西方向的红色云也叫霞。《易经》说："云跟随龙，风跟随虎。"孔子说："不义之财对我而言就如同浮云。"

行云

【原文】

楚襄王①游于高唐，梦一女曰："妾在巫山之阳，高丘之上，朝为行云，暮为行雨。"比旦视之，如其言。

【注释】

①楚襄王：芈姓，熊氏，名横，楚怀王之子，战国时期楚国国君。

【译文】

楚襄王去高唐游山玩水，做梦梦见一个女子对他说："我在巫山的南面，高丘之上，早上变成浮云，晚上变成细雨。"楚襄王到那儿一看，果真如梦中女子所说的那样。

飓风

【原文】

《岭表录》①：飓风之作，多在初秋，作则海潮溢，俗谓之飓母风。明正德七年，流贼刘大等舟至通州狼山，遇飓风大作，舟覆，贼尽死。

【注释】

①《岭表录》：地理杂记，全书共三卷，唐刘恂撰。

【译文】

《岭表录》记载：初秋之时多发生飓风，风一起则海潮翻涌，俗称“飓母风”。明正德七年，流窜的反贼刘大等人坐船行至通州的狼山，就遇到了这样的飓风，结果吹翻了船，船上的流贼全死了。

雨

商羊舞

【原文】

齐有一足鸟，舞于殿前。齐侯问于孔子，孔子曰：“此鸟名商羊。儿童有谣曰：‘天将大雨，商羊鼓舞。’是为大雨之兆。”后果然。

【译文】

齐国有一只独脚鸟在宫殿前翩翩起舞。齐侯就拿这事问孔子，孔子说：“这只鸟叫商羊。有童谣传唱：‘天要下雨，商羊才会这样跳舞。’这是下雨前的征兆。”后来果真下了大雨。

石燕飞

【原文】

《湘州记》①：零陵山有石燕，遇风雨则起飞舞，雨止还为石。

【注释】

①《湘州记》：较早的中国古代地记作品。作者为庾穆之，字仲雍，为东晋或晋宋之际人。

【译文】

《湘州记》记载：零陵山上有石燕，遇到风雨就起来飞舞，雨停后又变回原来的石头。

雨工

【原文】

唐柳毅①过洞庭，见女子牧羊道畔，怪而问之。女曰："非羊也。此雨工雷霆之类也。"遂为女致书龙宫，妻毅以女。今为洞庭君。

【注释】

①柳毅：中国古代戏曲人物之一，成语"柳毅传书"的主人公。故事写男主人公柳毅传书搭救洞庭龙女，后与其结为夫妻。

【译文】

唐朝人柳毅经过洞庭湖，看到一女子在路边放羊，感到很是奇怪，于是上前问其原因。那女子回答："这不是羊。是雨工和雷霆之类的神物。"后来，柳毅帮助女子向龙宫递交书信，助女子回到龙宫。龙王便将女儿嫁给了柳毅。现在柳毅成了洞庭的君主。

侍郎雨

【原文】

正统九年，浙江台宁等府久旱，民多疾疫。上遣礼部右侍郎王英①赍香帛往祀南镇。英至绍兴，大雨，水深二尺。祭祀之夕，雨止见星。次日，又大雨，田野霑足。人皆曰："此侍郎雨也。"

【注释】

①王英：（1376—1449），字时彦，号泉坡。江西省金溪县兴贤坊人。明代诗人、书法家。

【译文】

明正统九年，浙江台、宁等府已经连续干旱了很久，很多百姓们还得了严重的疾病。皇上派礼部右侍郎王英带着名香和布帛到南镇去祭祀。王英一到绍兴，就下了大雨。到了祭祀那天晚上，雨停了，还可以看到天上的星星。第二天，雨又接着下起来，田间得到了充足的浇灌。大家都说："这是'侍郎雨'啊。"

冒雨剪韭

【原文】

郭林宗友人夜至，冒雨剪韭作炊饼。杜诗："夜雨剪春韭。"

【译文】

郭林宗的朋友晚上去拜访他，郭林宗为了招待朋友，冒雨去剪韭菜来做炊饼。杜甫的诗有“夜雨剪春韭”的句子。

雨

【原文】

《大戴经》云：天地积阴，温则为雨。雹，雨冰也，盛阳雨水温暖，阴气胁之不相入，则转而为雹。

【译文】

《大戴经》说：天地间聚集了阴云，温度稍微一暖就成了雨。冰雹，是下的冰块，在强烈的阳光下，雨水温度升高，与阴气不相投合，雨水就变成了冰雹。

霖雨放宫人

【原文】

宋开宝五年，大雨，河决。太祖谓宰相曰：“霖雨不止，得非时政所阙①。朕恐掖庭②幽闭者众。”因告谕后宫：“有愿归其家者，具以情言。”得百名，悉厚赐遣之。

【注释】

①阙：过错，过失。

②掖庭：宫中旁舍，妃嫔居住的地方。

【译文】

宋开宝五年，大雨滂沱，黄河因为暴雨决堤了。宋太祖对宰相说：“大雨一直下个不停，是不是因为当前的治理有什么不妥之处。我猜大概是后宫女眷太多的缘故。”于是向后宫下旨：“有想出宫回家的，只要详细禀明情况就可以获得恩准了。”想出宫的有一百人，临行前宋太祖还赐了很多封赏给她们。

兵道雨

【原文】

明蔡懋德①以参政备兵真定。天久旱，尺寸土皆焦。懋德祷雨辄②应，属邑民争迎之。祷所至即雨，民欢呼曰“兵道雨”。

【注释】

①蔡懋德：一字公虞，号云怡，南直隶苏州府昆山（今属江苏）人。明代官吏。

②辄：总是，就。

【译文】

明朝人蔡懋德因为在真定做参政而在此屯兵。这里许久没有下过雨了，农田几乎化为焦土。蔡懋德一向上天祷告求雨就会下雨，所以他管辖的地方百姓都纷纷请他去祈雨，果真，他经过的地方都下了雨，百姓们欢呼雀跃，称这雨为“兵道雨”。

雷电虹霓

雷候

【原文】

仲春之月，雷乃发声，始电。蛰虫咸动，启户始出。仲秋之月，雷始收声，蛰虫坏户。《传》曰：雷八月入地百八十日。

【译文】

仲春的月份，才开始打雷、闪电。冬天蛰伏的虫子也都陆续开始活动，从洞穴里爬出来。仲秋的月份，不再打雷，准备过冬的虫子也用土堵塞洞穴。《传》说：雷神从八月开始钻到地下一百八十天。

感雷精

【原文】

《论衡》①曰：子路感雷精而生，故好事。

【注释】

①《论衡》：宣传无神论的檄文，古代唯物主义的哲学文献，由东汉思想家

王充所著。

【译文】

《论衡》记载：子路是感应雷精而出生的，所以比较喜欢多事。

雷神

【原文】

曹州泽中有雷神，龙身而人首，鼓其腹则鸣。《史记》："舜渔于雷泽。"即此。

【译文】

曹州的大湖中有龙身而人首的雷神，拍拍它的肚子就会鸣叫。《史记》记载说："舜帝打鱼于雷泽。"就是指此处。

律令

【原文】

《资暇录》[1]：律令是雷边捷鬼，善走，与雷相疾连，故符咒云："急急如律令。"

【注释】

①《资暇录》：即《资暇集》，三卷，唐代考据辨证类笔记，李匡文撰。

【译文】

《资暇录》记载："律令"是跟随雷神左右的动作敏捷的小鬼，擅长奔走，与雷相关联，所以方士念符咒时都说："急急如律令。"

霹雳斗

【原文】

齐神[1]武道逢雷雨，前有浮图一所，使薛孤延视之。未至三十步，震烧浮图。薛大声喝杀，绕浮图走，火遂灭。及还，须发皆焦。

【注释】

①齐神：即高欢（496—547），字贺六

浑，东魏权臣，北齐王朝奠基人，史称齐神武帝。

【译文】

高欢在行军路上恰巧碰到雷雨，便打算到前方一座寺庙避雨，让手下薛孤延去视察。还没有走三十步，那寺庙因雷电起火，薛孤延大声喊杀，绕着寺庙奔走，大火才熄灭了。回来时，他的胡子和头发都烧焦了。

雷同

【原文】

《论语谶》①：雷震百里，声相附也。谓言语之符合，如闻雷声之相同也。

【注释】

①《论语谶》：或称《论语纬》，汉代谶纬之书中的一种，八篇，分为八卷，唐代分作十卷，皆题"魏·宋均注"。已佚。

【译文】

《论语谶》记载：雷音可以响彻百里之远，而其声音都一样。因此用"雷同"表达言语符合之意，相符的言语就像听到相同的雷声一样。

冬月必雷

【原文】

《隋史》①：马湖府西，万岁征西南夷过此，镌"雷番山"三字于石。山中草有毒，经过头畜，必笼其口，行人亦必缄默②，若或高声，虽冬月必有雷震之应。

【注释】

①《隋史》：即《隋书》，由唐朝魏征所著的一部正史。

②缄默：闭口不说话。

【译文】

《隋书》记载：马湖府西边，皇帝征讨西南夷的时候经过这里，在石头上刻了"雷番山"三个字。山里的草有毒，经过这里时，牲畜要罩住嘴，行人也必须沉默不语，如果有人大声说话，即使是冬天也会出现雷声。

虹霓

【原文】

虹，螮蝀①也。阴气起而阳气不应则为虹。又音绛，亦螮蝀也。《诗经》："螮蝀在东。"霓，屈虹也。《说文》②："阴气也。"通作"蜺"。《天文志》："抱珥虹蜺。”一云雄曰虹，雌曰霓。沈约[3]《郊居赋》：“雌霓连蜷。”《西京赋》：“直螮蝀以高居。”又朝西暮东，东晴西雨。

【注释】

①螮蝀（dì dōng）：即彩虹，又称美人虹。

②《说文》：全名《说文解字》。作者是东汉的经学家、文字学家许慎。

③沈约：（441—513），字休文，南朝（宋、齐、梁朝时期）文学家、史学家。

【译文】

霓虹，就是螮蝀。阴气聚集起来而太阳抵不过就成了彩虹。又音“绛”，也是指“螮蝀”。《诗经》中有“螮蝀在东”的句子。霓，就是弯曲的虹。《说文解字》说：“是阴气。”也写为“蜺”。《汉书·天文志》有“抱珥虹蜺”的话。还有一种说法，称雄性为虹，雌性为霓。沈约在《郊居赋》中说“雌霓连蜷”。《西京赋》也说“直螮蝀以高居”。虹霓早上在西边晚上在东边，而且在东边预兆天气晴朗，在西边预兆天降大雨。

雪霜

柳絮因风

【原文】

晋谢太傅[1]大雪家宴，子女侍坐。公曰：“白雪纷纷何所似？”兄子朗曰：“撒盐空中差可拟。”兄女道韫[2]曰：“未若柳絮因风起。”公大称赏。

【注释】

① 谢太傅：谢安（320—385），字安石，号东山，东晋政治家，军事家，浙江绍兴人。

② 谢道韫：生卒年不详，字令姜，东晋时女诗人。

【译文】

一日，天降大雪，东晋谢太傅便在家中摆开家宴，子女都坐在一起。谢安说：“这纷纷扬扬的雪花像什么？”他兄长的儿子谢朗说：“可以把它比作在空中撒盐。”他另一个兄长的女儿谢道韫则说：“不如将其比作柳絮因风在空中飞舞。”谢安大为赞赏。

神仙中人

【原文】

晋王恭①尝披鹤氅涉雪而行，孟旭见之，曰："此真神仙中人也。"

【注释】

①王恭：（？—398），字孝伯，小字阿宁，太原晋阳（今山西太原）人。东晋大臣、外戚。

【译文】

晋朝的王恭曾经披着鹤毛制成的裘衣行走在白茫茫的雪地上，孟旭看到后大为惊叹："这可真是犹如仙人一般啊。"

雪夜入蔡州

【原文】

李愬①乘雪夜入蔡州，搅乱鹅鸭池，及军声达于吴元济②卧榻，仓卒惊起，围而擒之。

【注释】

①李愬（sù）：（773—821），字符直。中唐名将李晟第八子，有谋略，善骑射。

②吴元济：（783—817），唐代宪宗时叛藩的首领。

【译文】

李愬在雪夜带兵攻入蔡州，故意搅乱鹅鸭池，等行军的声音到了吴元济床边时，他才突然惊醒，但已经被围捉了。

踏雪寻梅

【原文】

郑綮①情怀旷达，常冒雪骑驴寻梅，曰："吾诗思在灞桥风雪中、驴背上。"

【注释】

①郑綮：（？—899），字蕴武，郑州荥阳人，唐昭宗时期宰相。

【译文】

郑綮是一位心胸旷达之人，喜欢冒雪骑驴探寻梅花。他常说："我的诗都来自于灞桥风雪之中、驴背之上啊。"

啮雪咽毡

【原文】

苏武[1]持节使匈奴。幽武大窖中，啮雪咽毡，数日不死，匈奴神之。

【注释】

①苏武：（前140—前60），字子卿，杜陵（今陕西西安）人，西汉大臣。

【译文】

汉代使臣苏武持节出使匈奴。匈奴人把苏武幽禁在大窖里，没有吃的，他便就着雪吃毛毡，生存了很多天，匈奴人觉得他很神异。

映雪读书

【原文】

孙康[1]家贫，好学，尝于冬夜映雪读书。

【注释】

①孙康：晋代京兆（今河南洛阳）人，东晋长沙相孙放之孙。

【译文】

孙康家境贫困，又喜欢读书，曾经在冬天借着雪的反光读书。

雪夜幸普家

【原文】

宋太祖数微行过功臣家。一日大雪，向夜，普[1]意太祖不出。久之，闻叩门声，普亟出，太祖立风雪中。

【注释】

①赵普：（922—992），字则平，幽州蓟人，后徙居洛阳，北宋著名的政治家。

【译文】

宋太祖多次微服出访功臣家。有一天下大雪，到了晚上，赵普以为宋太祖不会来了。过了很久后，听见了敲门声，赵普急忙去开门，见宋太祖站立在门外的风雪中。

霜

【原文】

露之所结也。《大戴礼》①云：霜露阴阳之气，阴气盛则凝而为霜。《易》曰：履霜坚冰至。《诗》②：岐节贯秋霜。

【注释】

①《大戴礼》：即《大戴礼记》，与《礼记》大体同时编成的一部有关中国古代礼制的文章汇编，但增加了若干篇记载古史世系和天象物候的历史文献。

②《诗》：即《诗经》，是中国古代最早的一部诗歌总集，共三百一十一篇。

【译文】

霜是露水凝结而成的。《大戴礼记》记载说：霜、露都由阴阳之气形成的，阴气盛便凝结成霜。《易经》有“履霜坚冰至”的句子，《诗经》也有“岐节贯秋霜”的句子。

五月降霜

【原文】

《白帖》①：邹衍事燕惠王②，尽忠。左右谮之，王系之狱。衍仰天而哭，五月为之降霜。

【注释】

①邹衍：（约前324—前250），战国时期阴阳家学派代表人物与五行学说代表人物，战国末期齐国人。

②燕惠王：（？一前272），姬姓，名不详，燕昭王之子，战国时期燕国国君。

【译文】

《白帖》记载说：邹衍忠心侍奉燕惠王，但是遭到燕惠王左右的人的诋毁，燕惠王听信他人之言将他下狱。邹衍仰天大哭，五月天为他下起了霜。

露雾冰

花露

【原文】

杨太真①每宿酒初消，多苦肺热。凌晨，至后苑，傍花口吸花露以润肺。

【注释】

①杨太真：即杨玉环（719—756），字太真，祖籍蒲州永乐（今山西永济），我国古代“四大美女”之一。

【译文】

杨贵妃每天晚上的酒意刚刚消去时，就会饱受肺热之苦。经常凌晨时到后苑，凑到花边上吮吸花上的露水来润肺。

仙人掌露

【原文】

汉武帝建柏梁台，高五十丈，以铜柱置仙人掌，擎玉盘，以承云表之露，和玉屑服之，以求仙也。

【译文】

汉武帝建造了五十丈高的柏梁台，用铜柱顶着仙人掌，举着大玉盘，用来盛接云端滴下来的露水，然后和玉屑一起服食，希望以此来得道成仙。

露

【原文】

夜气著物为露。《玉篇》①曰：天之津液，下所润万物也。

【注释】

①《玉篇》：我国第一部按部首分门别类的汉字字典。南朝梁大同九年黄门侍郎兼太学博士顾野王撰。

【译文】

夜晚水气附着在物体上就形成了露水。《玉篇》说：这是上天赐予的津液，降临世间滋润万物。

雾

【原文】

地气上，天不应[1]也。《元命苞》[2]曰：阴阳乱为雾，气蒙冒覆地之物。

【注释】

①应：此指成功。

②《元命苞》：即《春秋元命苞》，西汉末年谶纬之士著，是假托经义宣扬符录瑞应的书。

【译文】

地上的阴气是不可能到天上去的。《春秋元命苞》记载说：阴阳紊乱就成为雾，雾是像气体一样覆盖大地的东西。

冰

【原文】

冬水所结。天寒地冻，则水凝结而坚也。

【译文】

冰由冬天的水凝结而成。天气寒冷时，结成的冰变得坚硬。

冰生于水

【原文】

《荀子》[1]：冰生于水而寒于水。比后进之过于先生也。

【注释】

①《荀子》：战国后期儒家学派最重要的著作。由荀况所著，今存三十二篇。

【译文】

《荀子》记载：冰是由水变来的但比水更加寒冷。比喻后进之士超过了先进之士。

冰山

【原文】

唐杨国忠[1]为右相，或劝陕郡进士张彖[2]谒国忠，曰：“见之，富贵立可图。”彖曰：“君辈倚杨右相若泰山，吾以为冰山耳。若皎日既出，君辈得无失所恃乎？”遂隐居嵩山。

【注释】

①杨国忠：（？—756），本名钊，蒲州永乐（今山西永济）人，唐朝宰相，杨贵妃族兄。

②张彖：唐代进士。

【译文】

杨国忠当时是唐朝位高权重的右丞相。陕郡有个进士张彖，有人给他出主意，让他去拜见杨国忠，并说："你若能拜见他，富贵就是轻而易举的事。"张彖说："你们觉得依靠杨右相就能像依靠泰山一样，我却认为他是座冰山。如果太阳一出，冰山立刻融化，你们还有依靠吗？"进士张彖没有听他人之言，自己隐居到嵩山去了。

时令

律吕

【原文】

六律属阳，十一月黄钟，正月太簇，三月姑洗，五月蕤宾①，七月夷则，九月无射。六吕属阴，十二月大吕，二月夹钟，四月仲吕，六月林钟，八月南吕，十月应钟。

【注释】

①蕤（ruí）宾：古人律历相配，十二律与十二月相适应，谓之律应。蕤宾位于午，在五月，故代指农历五月。

【译文】

六律属阳，十一月称为"黄钟"，正月称为"太簇"，三月称为"姑洗"，五月称为"蕤宾"，七月称为"夷则"，九月称为"无射"。六吕属阴，十二月称为"大吕"，二月称为"夹钟"，四月称为"仲吕"，六月称为"林钟"，八月称为"南吕"，十月称为"应钟"。

十干

【原文】

甲曰阏逢，乙曰旃蒙，丙曰柔兆，丁曰强圉，戊曰著雍，己曰屠维，庚曰上章，辛曰重光，壬曰玄默，癸曰昭阳。

【译文】

甲叫作“阏逢”，乙叫作“旃蒙”，丙叫作“柔兆”，丁叫作“强圉”，戊叫作“著雍”，己叫作“屠维”，庚叫作“上章”，辛叫作“重光”，壬叫作“玄默”，癸叫作“昭阳”。

十二支

【原文】

子曰困敦，丑曰赤奋，寅曰摄提，卯曰单阏，辰曰执徐，巳曰大荒落，午曰敦牂，未曰协洽，申曰涒滩，酉曰作噩，戌曰阉茂，亥曰大渊献。

【译文】

子叫作“困敦”，丑叫作“赤奋”，寅叫作“摄提”，卯叫作“单阏”，辰叫作“执徐”，巳叫作“大荒落”，午叫作“敦牂”，未叫作“协洽”，申叫作“涒滩”，酉叫作“作噩”，戌叫作“阉茂”，亥叫作“大渊献”。

十二肖

【原文】

子鼠无胆，丑牛无上齿，寅虎无颈，卯兔无唇，辰龙无耳，巳蛇无足，午马无下齿，未羊无瞳，申猴无脾，酉鸡无外肾，戌狗无胃，亥猪无筋。鼠前四爪、后五爪，虎五爪，龙五爪，马单蹄，猴五爪，狗五爪，故属阳。牛两爪，兔缺唇，蛇双舌，羊分蹄、四爪，鸡四爪，猪四爪，故属阴。

三春曰陬月、如月、宿月。三夏曰余月、皋月、旦月。三秋曰相月、壮月、玄月。三冬曰阳月、辜月、涂月。

【译文】

十二生肖各有缺点，子鼠胆小，丑牛没有上齿，寅虎没有脖子，卯兔没有嘴唇，辰龙没有耳朵，巳蛇没有脚，午马没有下齿，未羊没有瞳仁，申猴没有脾脏，酉鸡没有外肾，戌狗没有胃，亥猪没有筋。老鼠前边四爪、后边五爪，虎五爪，龙五爪，马蹄是单瓣的，猴五爪，狗五爪，所以都属阳。牛两爪，兔没有嘴唇，蛇的信子分为两条，羊蹄是双瓣的，共四瓣，鸡四爪，猪四爪，所以都属阴。

三春分别叫作“陬月”“如月”“宿月”。三夏分别叫作“余月”“皋月”“旦月”。三秋分别叫作“相月”“壮月”“玄月”。三冬分别叫作“阳月”“辜月”“涂月”。

节水

【原文】

正月解冻水，二月白苹水，三月桃花水，四月瓜蔓水，五月麦黄水，六月山矾水，七月豆花水，八月荻苗水，九月霜降水，十月复槽水，十一月走凌水，十二月感凌水。

伏羲始立八节。周公始定二十四节，以合二十四气。

【译文】

正月叫作“解冻水”，二月叫作“白苹水”，三月叫作“桃花水”，四月叫作“瓜蔓水”，五月叫作“麦黄水”，六月叫作“山矾水”，七月叫作“豆花水”，八月叫作“荻苗水”，九月叫作“霜降水”，十月叫作“复槽水”，十一月叫作“走凌水”，十二月叫作“感凌水”。

伏羲最先创立八个节。后来周公改为二十四个节，来与二十四气相适应。

节气

【原文】

立春正月节，雨水正月中；惊蛰二月节，春分二月中；清明三月节，谷雨三月中；立夏四月节，小满四月中；芒种五月节，夏至五月中；小暑六月节，大暑六月中；立秋七月节，处暑七月中；白露八月节，秋分八月中；寒露九月节，霜降九月中；立冬十月节，小雪十月中；大雪十一月节，冬至十一月中；小寒十二月节，大寒十二月中。

【译文】

立春是在正月节，雨水是在正月中；惊蛰是在二月节，春分是在二月中；清明是在三月节，谷雨是在三月中；立夏是在四月节，小满是在四月中；芒种是在五月节，夏至是在五月中；小暑是在六月节，大暑是在六月中；立秋是在七月节，处暑是在七月中；白露是在八月节，秋分是在八月中；寒露是在九月节，霜降是在九月中；立冬是在十月节，小雪是在十月中；大雪是在十一月节，冬至是在十一月中；小寒是在十二月节，大寒是在十二月中。

甲子

【原文】

尧元年至万历元年癸酉，三千九百六十二年，六十七甲子。

洪武十七年甲子为中元，正统九年甲子为下元，弘治十七年甲子为上元，嘉靖四十三年甲子为中元，天启四年甲子为下元。

【译文】

尧帝元年至万历元年癸酉，共计三千九百六十二年，可以分出六十七个甲子。

洪武十七年甲子称为中元，正统九年甲子称为下元，弘治十七年甲子称为上元，嘉靖四十三年甲子称为中元，天启四年甲子称为下元。

闰月

【原文】

冬至后馀一日，则闰正月；馀二日，则闰二月；馀十二日，则闰十二月；若十三日，则不闰矣。

【译文】

冬至以后如果还剩下一天，那么下一年就会闰正月；剩下两天，就闰二月；剩下十二天，就闰十二月；若剩下十三天，就不闰月了。

天时长短

【原文】

每年小满后，累日而进，积三十日为夏至，而一阴生，天时渐短。小寒后累日而进，积三十日为冬至，而一阳生，日晷初长。《周礼》①注：冬至日在牵牛，景长一丈二尺；夏至日在东井，景长五寸。

【注释】

①《周礼》：中国古代关于政治经济制度的一部著作，是古代儒家主要经典

之一。

【译文】

每年过了小满后，积累三十天到夏至，这时生一阴，白天时长开始变短。小寒后积累三十天是冬至，这时生一阳，白天时长开始变长。《周礼》注说：冬至时太阳在牵牛宿，日影长一丈二尺；夏至时太阳在东井宿，日影长五寸。

春

邹律回春

【原文】

刘向①《别录》②：燕有寒谷，黍稷不生，邹衍吹律，暖气乃至，草木皆生。

【注释】

①刘向：（前77—前6），原名更生，字子政，西汉楚国彭城（今江苏徐州）人，西汉经学家、目录学家、文学家。

②《别录》：中国第一部有书名、有解题的综合性的分类目录书。西汉刘向撰。

【译文】

刘向在《别录》中记载：燕地有寒谷，因为天气寒冷，黍稷都不能生长，邹衍一吹律管，天气就变暖了，草木开始生长。

元日

【原文】

伏羲置元日。汉武置岁元、月元、时元。

【译文】

伏羲设立了元日。汉武帝设立了岁元、月元、时元。

五辛盘

【原文】

元日取五木煎汤沐浴，令人至老发黑。道家谓青木香为五香，亦云五木。庾①诗："聊倾柏叶酒，试奠五辛盘。"

【注释】

①庾：指庾信（513—581），字子山，小字兰成，南北朝时期诗人、文学家。

【译文】

元旦时节，用五木烧水沐浴，能够让人的头发到老都保持乌黑。道家把青木香叫五香，也叫五木。庾信有诗句说："聊倾柏叶酒，试奠五辛盘。"

元夕放灯

【原文】

以正月十五天官生日放天灯，七月十五水官生日放河灯，十月十五地官生日放街灯。宋太宗淳化元年六月丙午诏：罢中元、下元两夜灯。

【译文】

在正月十五天官生日那天放天灯，在七月十五水官生日那天放河灯，十月十五地官生日那天放街灯。宋太宗淳化元年六月丙午下诏令，停止中元、下元两夜放灯的活动。

耗磨日

【原文】

正月十六日谓之耗磨日，人皆饮酒，官司不令开库。

【译文】

正月十六日叫"耗磨日"，在这一天家家户户都会喝酒，官府严禁这天开库房。

天穿日

【原文】

正月二十日为天穿，以红彩系饼饵投屋上，谓之补天。

【译文】

正月二十日叫"天穿"，用红彩绳拴饼饵扔在屋顶上，这叫"补天"。

水湄度厄

【原文】

元日至晦日，士女悉湔裳①，酹酒于水湄，以为度厄。

【注释】

①湔裳：洗衣服。

【译文】

初一到三十，无论男女都洗衣服，并在水边酌酒，相传这样能躲避祸患。

雨水

【原文】

前此为霜为雪，水气凝结。立春后，天气下降，当为雨水。

【译文】

这个节气之前要么是霜要么是雪，皆由水汽凝结而成。立春后，天上的水气就会变成雨水降下。

中和节

【原文】

唐李泌[1]以二月朔为中和节，以青囊盛百谷瓜果种相问遗，酿宜春酒，祭句芒神，百官进农书。

【注释】

①李泌（bì）：（722—789），字长源，唐朝中期著名道家学者、政治家、谋臣，为南北朝西魏时“八柱国”李弼的六世孙。

【译文】

唐代的李泌把二月初一命名为中和节。这天，大家用青布袋装上百谷、瓜果互相问候赠送，酿宜春酒，祭祀句芒神，百官向朝廷进献有关农业的书籍。

寒食

【原文】

冬至后一百六日谓之寒食，以介子推[1]是日焚死，晋文公[2]禁火而志痛也。

【注释】

①介子推：（？—前636），后人尊为介子，春秋时期晋国（今山西介休市）人，因“割股奉君”，隐居“不言禄”之壮举，深得世人怀念。

②晋文公：（前671或前697—前628），姬姓，名重耳，是春秋时期晋国的第二十二任君主。

【译文】

冬至后的一百零六天叫寒食，因为介子推这天被烧死，晋文公下令禁止生火用来铭记这一痛心的事。

踏青

【原文】

三月上巳，赐宴曲江，都人于江头禊饮①，践踏青草，曰踏青，侍臣于是日进踏青履。王通叟词：“结伴踏青归去好，平头鞋子小双鸾。”

【注释】

①禊（xì）饮：古时农历三月上巳日之宴聚。

【译文】

三月上巳那天，朝廷在曲江赐宴，市民在江边上祭祀、喝酒，践踏青草，叫作踏青，侍臣也在这一天向帝王呈上踏青履。王通叟词说：“结伴踏青归去好，平头鞋子小双鸾。”

夏

天祺节

【原文】

宋真宗以四月一日为天祺节。

【译文】

宋真宗规定每年的四月一日是天祺节。

麦秋

【原文】

《月令》①：麦秋至。蔡邕②《章句》曰：百谷各以生为春，熟为秋。故麦以夏为秋。

【注释】

①《月令》：是上古一种文章体裁，按照一个十二个月的时令，记述朝廷的祭祀礼仪、职务、法令、禁令，并把它们归纳在五行相生的系统中。

②蔡邕（yōng）：（133—192），字伯喈，东汉时期著名文学家、书法家，才女蔡文姬之父。

【译文】

《礼记·月令》记载“麦秋至”。蔡邕《章句》注释说：百谷都把出生叫“春”，把成熟叫“秋”。所以麦子把夏天当作“秋”。

浴佛

【原文】

王钦若①于四月八日作放生会。《荆楚岁时记》②：四月八日建斋，作龙华会，浴佛。

【注释】

①王钦若：（962—1025），字定国，北宋初期政治家，宋真宗时期宰相。

②《荆楚岁时记》：记录中国古代楚地岁时节令风物故事的笔记体文集，由南北朝梁宗懔撰。

【译文】

王钦若在四月八日作放生会。《荆楚岁时记》记载：四月八日那一天要斋戒，还要办龙华会，为佛洗浴。

小满

【原文】

四月中小满后，阴一日生一分，积三十分，而成一昼，为夏至。四月乾之终，谓之满者，言阴气自此而生发也。又孟夏万物生长稍得盈满，故云小满。

【译文】

四月中旬小满之后，阴气每天生一分，累积三十分，就是一天，便到了夏至。四月是“乾”的终结，之所以叫“满”，是说阴气从这时开始生发。又说初夏里万物生长得较为繁盛，所以称为“小满”。

竞渡

【原文】

屈原以五日死，楚人以舟楫拯之，谓之竞渡。又曰：五日投角黍①以祭屈原，恐为蛟龙所夺，故为龙舟以逐之。

【注释】

①角黍：俗称“粽子”，由粽叶包裹糯米蒸制而成，是中华民族传统节庆食物之一。

【译文】

屈原在端午那天死去，楚地之人划着船去救他，这称为“竞渡”。又有一种说法：在端午那一天扔粽子来祭祀屈原，怕被蛟龙抢走，所以制造龙舟驱赶蛟龙。

五瑞

【原文】

端阳日以石榴、葵花、菖蒲、艾叶、黄栀花插瓶中，谓之五瑞，辟除不祥。

【译文】

端午这天用石榴、葵花、菖蒲、艾叶、黄栀花插在花瓶中，称为“五瑞”，用来辟除不祥之物。

五毒

【原文】

蛇、虎、蜈蚣、蝎、蟾蜍，谓之五毒。官家或绘之宫扇，或织之袍缎。午日服用之，以辟瘟气①。

【注释】

①瘟气：疫疠之气。

【译文】

五毒是指蛇、虎、蜈蚣、蝎、蟾蜍。皇家之人有的将其画在宫扇上，有的织在袍子上。在端午这天服用，据说可以辟瘟气。

天中节

【原文】

《提要录》：端午为天中节。又曰蒲节，以是日用菖蒲泛酒故耳。

【译文】

《提要录》记载：端午节就是天中节，又叫蒲节，因为要在这一天用菖蒲来行酒。

竹醉日

【原文】

五月十日为竹醉日。是日移竹易活。又三伏内斫竹则不蛀。

【译文】

将五月十日作竹醉日。因为在这一天移栽竹子比较容易成活。另外，三伏天里砍的竹子不会被虫蛀。

秋

一叶知秋

【原文】

《淮南子》：一叶落而天下知秋。古诗：梧桐一叶落，天下尽知秋。

【译文】

《淮南子》记载：看到一片叶子下落，就知道秋天就要来了。古诗中也有“梧桐一叶落，天下尽知秋”的句子。

鹊桥

【原文】

《淮南子》：七月七夕，乌鹊填河成桥，以渡织女，谓与牛郎相会也。

【译文】

《淮南子》记载：七月七日的晚上，乌鹊在银河上搭成桥，让织女可以渡过银河，与牛郎相会。

乞巧

【原文】

唐玄宗以七夕牛女相会，命宫中作高台，陈瓜果于上。宫人暗中以七孔针引彩线穿之，以乞天巧，穿过者以为得巧。又以蜘蛛纳小金盒中，至晓，开视蛛丝之稀密，又为得巧之多寡。

【译文】

七夕那天是牛郎织女相会的日子，唐玄宗命宫人在皇宫中建起高台，在上面摆上瓜果。宫女暗中用七孔针引着彩线穿起来，以此来向天乞求心灵手巧，能穿过去的就算是得到了“巧”。还把蜘蛛放在很小的金盒里，到天亮之前，打开看蛛丝的疏密，来确定“巧”的多少。

化生

【原文】

七夕，以蜡作婴儿，浮水中以为戏，为妇人生子之祥，谓之化生。

【译文】

七夕晚上，用蜡做成婴儿模样，放在水中，用来作女子生孩子的兆头，叫作“化生”。

处暑

【原文】

处，上声，止也，息也。谓暑气将于此时止息之也。白露：秋属金；白，金色也。

【译文】

处，读第三声，意为停、休息。意思是暑热之气将在这个时间停止。白露：秋天在五行中属金；而“白”是五行中“金”的颜色。

重阳

【原文】

九为阳数，其日与月并应，故曰重阳。汉宫人贾佩兰九日食饵，饮菊花酒，长寿。

【译文】

九是阳数，如果日子和月份都是这个数，就叫作“重阳”。相传，汉代一个叫贾佩兰的宫女在这天吃药饵，喝菊花酒，便活了很大岁数。

落帽

【原文】

孟嘉[①]为桓温[②]参军，重九日宴姑孰龙山，风吹落帽。温敕左右勿言，良久取之还，令孙盛作文嘲之。

【注释】

①孟嘉：东晋时代的著名文人，曾担任桓温的参军。

②桓温：（312—373），东晋政治家、军事家、权臣。

【译文】

孟嘉当时任桓温的参军，重九那天在姑孰龙山参加宴席，刮来一阵风吹落了他的帽子。桓温命左右看到的人不许告诉他，很久之后才给取回来，还让孙盛写了篇文章调侃他。

游戏马台

【原文】

宋武帝为宋公时，在彭城，九月九日游项羽戏马台。今相仍为故事。

【译文】

宋武帝刘裕在未登皇位之前还是宋公的时候，住在彭城，九月九日重阳节那天游览了项羽戏马台。现在还在相沿为例。

冬

十月朔

【原文】

宋制，十月朔拜墓，有司进暖炭，民间作暖炉会。

【译文】

在宋代有个制度，在十月初一要拜墓，主管的官府要呈上取暖用的炭，民间开暖炉会。

亚岁

【原文】

魏晋冬至日，受万国百僚称贺，少杀其仪，亚于岁朝，故曰亚岁。

【译文】

魏、晋在冬至那天接受万国和文武百官的称贺，因为仪式仅次于元旦的岁朝，因此叫“亚岁”。

日长一线

【原文】

魏晋宫中女工刺绣，以线揆①日长短，冬至后比常添一线之功，故曰日长一线。

【注释】

①揆（kuí）：度（duó），揣测。

【译文】

魏、晋皇宫里的刺绣女工，用线来测量太阳的位置，过了冬至后的日子都需比往常加一线的功夫，因此叫“日长一线”。

腊八粥

【原文】

宋制，十二月八日浴佛，送七宝五味粥，谓之腊八粥。

【译文】

宋代的制度，在十二月初八要给佛洗浴，还要送七宝五味粥，称为腊八粥。

爆竹

【原文】

上古西方深山中有恶鬼，长丈馀，

名山魈，人犯之即病寒热，畏爆竹声。除夕，人以竹烧火中，毕剥有声，则惊走。今人代以火炮。

【注释】

①山魈：出自《山海经·海内经卷》，是传说中的一种喜欢在夜里袭击人的怪物。

【译文】

上古时，西方深山中有一个身长一丈多名叫山魈的恶鬼，若是有人冲撞了它就会招来寒热病，但是这个恶鬼害怕爆竹声。所以人们会在除夕夜把竹子放在火里烧，用噼里啪啦的声音吓走恶鬼。现在人用鞭炮来代替。

历律

定气运

【原文】

黄帝受《河图》，始设灵台。羲和占日，常仪占月，车区占星气，伶伦①造律吕②，大挠③作甲子，隶首④造算数。容成总六术，以定气运。

【注释】

①伶伦：又称泠伦，是古代民间传说中的人物，相传为黄帝时代的乐官。

②律吕：古代乐律的统称，是有一定音高标准和相应名称的中国音律体系。

③大挠：传说为黄帝史官，始作甲子。

④隶首：黄帝史官，始作算数。

【译文】

黄帝得到《河图》，开始设置灵台。羲和用太阳来占卜，常仪用月亮占卜，车区用星气占卜，伶伦创造出律吕，大挠创造了甲子，隶首创造了算数。容成总结上面的六种方式，用来测定气运好坏。

历纪

【原文】

少昊①使玄鸟氏②司分，伯赵氏司至，青鸟氏司起，丹鸟氏司闭，颛顼受之，以孟春建寅为元，始为历宗。尧使羲仲③叔主春夏，和仲叔主秋冬，以闰月正四时，始为历纪。

【注释】

①少昊：神话中的五方天帝之一，为五方天帝中的西方天帝。

②玄鸟氏：神话传说中少昊帝时官名，掌春分、秋分。

③羲仲：传说中的上古人物，羲和一族。

【译文】

少昊帝命玄鸟氏主管春分和秋分，命伯赵氏主管夏至和冬至，青鸟氏主管立春、立夏，丹鸟氏主管立秋、立冬。后来颛顼帝也沿袭此法，将初春的第一个月为一年的第一个月，由此成为历法的开创者。尧帝让羲仲叔主管春、夏，和仲叔主管秋、冬，再用闰月来调整四时，开始作历纪。

历元

【原文】

黄帝始为历元，起辛卯①，高阳氏②起乙卯。舜用戊午，夏用丙寅，殷用甲寅，周用丁巳，秦用乙卯。汉作《太初历》③元以丁丑。夏、商、周以三统改正朔。三代而下，造历者各有增创：如《太初》起之以律，而候气于黄钟；《太衍》符之以《易》，而较数于分秒；《授时》准之以晷，而测验于仪象。

【注释】

①辛卯：为干支之一，顺序为第二十八个。

②高阳氏：即颛顼，上古时期的部落联盟首领之一。

③《太初历》：制成于西汉时期，

中国古代第一部比较完整的汉族历法，也是当时世界上最先进的历法。

【译文】

黄帝开始有了历法之元，从辛卯开始，高阳氏始于乙卯。舜帝始于戊午，夏代始于丙寅，殷商始于甲寅，周帝始于丁巳，秦朝始于乙卯。汉代的《太初历》将历元设在丁丑。夏、商、周各以自己的历法改变前朝的正朔。三代以后，制造历法之人都有不同程度的增加与创造，比如《太初历》以音律而起，并用黄钟之法分节气；《太衍历》符合于《易经》，细致到了分秒；《授时历》则是依据日晷，并用仪象来测验。

改历

【原文】

按自黄帝讫①秦末凡六改，汉高讫汉末凡五改，隋文讫隋末凡十三改，唐高讫周末凡十六改，宋太祖讫宋末凡十八改，金熙宗讫元末凡三改。而法，西汉莫善于《太初》；东汉莫善于《四分》；由魏至隋莫善于《皇极》。在唐则称《大衍》，在五代则称《钦天》。至元《授时》，郭守敬②立仪测验，较古精密。

【注释】

①讫（qì）：截止。

②郭守敬：（1231—1316），字若思，元朝著名的天文学家、数学家、水利专家。

【译文】

从黄帝到秦末共有六次改历，从汉高祖到汉末共有五次改历，从隋文帝到隋末共有十三次改历，从唐高祖到周末共有十六次改历，从宋太祖到宋末共有十八次改历，从金熙宗到元末共有三次改历。但是，就历法来说，西汉最好的要数《太初历》；东汉最好的是《四分历》；由魏至隋最好的是《皇极历》。在唐代最好的是《大衍历》，在五代最好的是《钦天历》。元朝郭守敬运用了比古代更为精密的仪器来测验，制成了《授时历》。

卷二 地理部

疆域

九州

【原文】

人皇氏[①]兄弟九人，分天下为九州，梁、兖、青、徐、荆、雍、冀、豫、扬是也。至舜时，以冀、青地广，分冀东恒山之地为并州，分东北医无闾之地为幽州，又分青之东北为登州，共成十二州。

【注释】

①人皇氏：神话人物，传说中的上古三皇之一。

【译文】

人皇氏有兄弟九人，将天下分成九个州，分别是梁州、兖州、青州、徐州、荆州、雍州、冀州、豫州、扬州。到了舜帝的时候，因为冀州、青州范围广大，便又把冀州东部恒山那一片地方分出来成为并州，把冀州东北医无闾那片地方分出为幽州，再把青州东北分出为登州，总共成为十二州。

吴越疆界

【原文】

钱镠王[①]以苏州平望为界，据浙闽，共一十四州。

【注释】

①钱镠（liú）：（852—932），字具美，小字婆留，杭州临安人，五代十国时期吴越国创建者。

【译文】

钱镠王以苏州的平望为界限，占据浙江和福建，一共有十四个州。

二周

【原文】

镐京为西周，洛阳为东周。

【译文】

在镐京建都的是西周，在洛阳建都的是东周。

两都

【原文】

前汉都长安，曰西都；东汉都洛阳，曰东都。

【译文】

西汉在长安建都，便将长安叫作西都；东汉建都洛阳，便将洛阳叫作东都。

蜀三都

【原文】

成都、新都、广都。

【译文】

蜀三都即成都、新都、广都。

魏五都

【原文】

魏因汉祚①都洛阳，以谯为先人本国，许昌为汉之所居，长安为西京之遗迹，邺为王业之本基，故号五都。

【注释】

①祚：即“国祚”，指王朝维持的时间。

【译文】

魏国继承汉代的国祚在洛阳建都，把谯郡当作曹魏先人所居之地，把许昌当作汉献帝居住之地，把长安当作西汉京都的遗迹，而邺下是曹魏建立王业的根本，所以合起来称为五都。

三辅

【原文】

长安以京兆、冯翊、扶风为三辅①。宋都汴梁以郑州、滑州、汝州为三辅。

【注释】

①三辅：本指汉武帝至东汉末年期间，治理长安京畿地区的三位官员京兆尹、左冯翊、右扶风，同时指这三位官员管辖的三个地区。隋唐以后称“辅”。

【译文】

长安把京兆、冯翊、扶风当作三辅。宋代建都汴梁，便将郑州、滑州、汝州当作三辅。

三蜀

【原文】

成都为蜀都，汉高分置汉广，汉武分置犍为。

【译文】

成都被称为蜀都，汉高祖时设置了汉广，汉武帝时又分设了犍为。

三晋

【原文】

赵都邯郸，魏都大梁，韩都郑，三家皆晋卿，故曰三晋。

【译文】

赵国建都邯郸，魏国建都大梁，韩国建都郑，赵、魏、韩国君以前都是晋国上卿，所以称这三个地方为三晋。

三秦

【原文】

章邯都废丘，司马欣①都栎阳，董翳②都高奴，三人皆秦降将，项羽分关中地以王之，曰三秦。

【注释】

①司马欣：（？—前204），秦朝长史，秦国夏阳（今陕西韩城南）人。

②董翳：（?—前204），秦朝都尉，夏阳龙川（今陕西韩城西北）人，春秋晋国太史董狐后裔。

【译文】

章邯在废丘建都，司马欣在栎阳建都，董翳在高奴建都，此三人皆是秦朝降将。项羽三分关中，封三人为王，所以称为三秦。

古迹

赤县神州

【原文】

《古今通论》：东南方五千里，名曰赤县神州，中有和美乡，方三千里，五岳之城，帝王之宅，圣贤所居也。

【译文】

《古今通论》记载：东南方五千里的地方，叫赤县神州，其中有一个和美乡，方圆三千里，是五岳的城池，帝王的宅院，圣贤居住之地。

桑梓地

【原文】

祖父植桑梓①以遗其子孙，子孙思其祖泽，不忍剪伐。故《诗》曰："维桑维梓，必恭敬止。"

汉寿在四川保宁府广元县。汉封关公为汉寿亭侯，即此地。后人称"寿亭侯"者误。

【注释】

①桑梓：古代，人们喜欢在住宅周围栽植桑树和梓树，后来人们就用物代处所。这里指桑梓树。

【译文】

祖父种桑树、梓树留给子孙后代，后代感恩祖父恩泽，不忍心砍伐。所以《诗经》中说："维桑维梓，必恭敬止。"

汉寿位于四川的保宁府广元县。汉代封关公为汉寿亭侯，就是指这个地方。后人称为"寿亭侯"，是错误说法。

井陉道

【原文】

韩信[①]与张耳[②]将兵击赵。李左车[③]说赵王曰："井陉道险，车不得方轨，骑不能成列。愿假臣三万人，从间道绝其辎重[④]，两将之头可致之麾下。"

【注释】

①韩信：（约前231—前196），西汉开国功臣，中国历史上的杰出军事家。

②张耳：（前264—前202），秦末汉初人物，大梁人（今开封西北）。

③李左车（jū）：西汉柏人（邢台隆尧）人。赵国名将李牧之孙，秦汉之际谋士。

④辎重：古代军事用语，表示运输部队携带的军械、粮草、被服等物资。

【译文】

韩信和张耳率领大军攻打赵国。李左车游说赵王说："井陉道非常险要，车和马队都过不去。如果给臣三万人马，从小路偷袭敌方粮草物资，我定能将两个将领的项上人头带回来见您。"

京观

【原文】

谓高丘如京；观，阙形也。古人杀贼，战捷陈尸，必筑京观，以为藏尸之地。古之战场所在有之。

【译文】

高大的丘陵像"京"字一样；观，是指城门两边高台的形状。古人杀敌如果打了胜仗，就会筑"京观"用来藏纳尸体。古代战场所在地往往有京观。

玉门关

【原文】

汉班超[①]久在绝域，年老思归，上书曰："臣不愿到酒泉郡，但愿生入玉门关。"

【注释】

①班超：（32—102），字仲升，扶风郡平陵县（今陕西咸阳东北）人。东汉时期著名军事家、外交家。

【译文】

汉代的班超一直待在西域，对故乡甚是思念，年纪大了便想回到家乡，上书给皇上："我不敢奢望能到酒泉郡，只愿能活着进玉门关。"

雁门关

【原文】

在大同府马邑县。北雁入塞，必衔芦一根，掷之关门，然后飞入，如纳税然，芦柴堆积如山。设有芦政主事，岁进芦银以万计。

【译文】

雁门关在大同府的马邑县。北地的大雁飞入内地，就会衔一根芦柴，扔到关门下才会飞进来，像是纳税一样。芦柴堆积如山，因此玉门关便设立了芦政主事一职，每年因芦柴上缴的税银就达上万。

鬼门关

【原文】

在交趾南。其地多瘴疠①，去者罕得生还。谚曰："鬼门关，十去九不还。"

【注释】

①瘴疠：感受瘴气而生的疾病。亦泛指恶性疟疾等病。

【译文】

鬼门关在交趾的南边。这里经常有瘴疠之气，到过那里的人很少有能活着回来的。有谚语说："鬼门关，十去九不还。"

铁瓮城

【原文】

铁瓮城，在镇江，孙权①所筑。邗沟，在扬州，夫差所开。

【注释】

①孙权：（182—252），字仲谋，三国时代东吴的建立者。

【译文】

铁瓮城在镇江，是孙权建起的。邗沟，在扬州，是夫差开掘的。

雷峰塔

【原文】

在钱塘西湖净寺前，南屏之支麓也，昔有雷就者居之，故名。上有塔，遭回禄①，今存其残塔半株。

【注释】

①回禄：相传为火神之名，引申指火灾。

【译文】

雷峰位于钱塘西湖的净慈寺前边，是南屏山的一个分支。以前有个叫雷就的人在这里居住，因此得名。山上有塔，曾经遭遇火灾，现在仅存半座。

祖堂

【原文】

在应天府治南。唐法融和尚①得道于此，为南宗第一祖师，在山房禅定，有百鸟献花，故又名献花岩。

【注释】

①法融和尚：（593—657），禅宗牛头派的创始人，俗姓韦，润州延陵（江苏丹阳县延陵镇）人。

【译文】

祖堂位于应天府治的南边。唐代法融和尚在这里得道。他在山房禅定时，曾有百鸟衔花来献，因此又叫献花岩。

雨花台

【原文】

梁武帝①时，有云光法师讲经于此，天花乱坠，故名雨花。

【注释】

①梁武帝：即萧衍，字叔达，小字练儿，南兰陵郡武进县东城里（今江苏省丹阳市访仙镇）人，南北朝时期梁朝政权的建立者。

【译文】

梁武帝时期，有一位云光法师在这里讲解佛经，讲经之时有花瓣从天上飘落，好似下雨，因此取名为“雨花”。

桃源

【原文】

晋时有渔人乘舟捕鱼，缘[①]溪行，忘路远近，见洞口桃花，舍舟入。其中土地开朗[②]，民居稠杂[③]，鸡犬桑麻，怡然自乐。渔人惊问，云是先世避秦来此，遂与外隔。问今是何世，不知有汉，无论魏晋。渔人出，乃属曰："不足为外人道也。"

【注释】

①缘：沿着。

②开朗：开阔明朗。

③稠杂：多而杂。

【译文】

晋朝的时候，有个渔人乘船捕鱼，沿着一条小溪前行，也不知道行了多远，抬头望见前方一个洞口有桃花，于是下船进入洞口。没想到这里是另外一番天地。这里面土地平旷，人人都生活得很快乐。渔人惊讶地问这是什么地方，有人回答说，先人为了躲避先秦时期的战乱来到了这里，从此与世隔绝。他们居然不知道现在是什么年代，不知道外面已经改朝换代，也不知道出现了汉朝，更别说魏晋了。渔人离开的时候，那里的人叮嘱渔人不要将这里的情况对外人说起。

八咏楼

【原文】

在金华府府治西南，即沈约[①]玄畅楼也。宋守冯伉[②]更今名。

【注释】

①沈约：（441—513），字休文，吴兴武康（今浙江湖州德清）人，南朝（宋、齐、梁朝时期）文学家、史学家。

②冯伉：（？—1000），新安（今浙江淳安）人，太宗太平兴国八年进士。

【译文】

八咏楼在金华府官府所在地的西南方向，也就是沈约的玄畅楼。宋朝的太守冯伉将玄畅楼改成八咏楼。

古蜀国

【原文】

今成都府。蜀之先自黄帝[①]子曰昌意，娶蜀山氏女，生帝喾，乃封其支庶[②]

于蜀。历夏商，始称王，首名蚕丛，次曰柏濩，次曰鱼凫。

【注释】

①黄帝：（前2717—前2599）：古华夏部落联盟首领，中国远古时代华夏民族的共主。五帝之首，被尊为中华“人文初祖”。

②支庶：宗法制度谓嫡子以外的旁支。

【译文】

古蜀国就是现在所说的成都府。蜀地的先人起自黄帝的儿子昌意，昌意娶蜀山氏的女儿，生下帝喾，于是封赐蜀山氏的后人以蜀地。历经夏商朝后开始称王，第一个王叫蚕丛，第二个叫柏濩，第三个叫鱼凫。

八阵图

【原文】

在新都牟弥镇。孔明①八阵图凡三：在夔州者六十有四，方阵法也；在牟弥者一百二十有八，当头阵法也；在棋盘市者二百五十有六，下营法也。

【注释】

①孔明：诸葛亮（181—234），字孔明，号卧龙（也作伏龙），徐州琅琊阳都（今山东临沂市沂南县）人，隐居于南阳，三国时期蜀汉丞相。

【译文】

八阵图在新都的牟弥镇。诸葛亮的八阵图共有三处：在夔州的有六十四阵，属于方阵法；在牟弥的有一百二十八阵，是当头阵法；在棋盘市的有二百五十六阵，是下营法。

孟姜石

【原文】

山海卫长城北，石上有妇人迹，相传为秦时孟姜女寻夫之地。

【译文】

在山海卫的长城之北，石头上有女人的脚印，据说是秦朝时孟姜女来寻找丈夫时停留过的地方。

滕王阁

【原文】

南昌府城章江门上。唐高宗子元婴①封滕王时建。都督阎伯屿②重九宴宾僚于阁，欲夸其婿吴子章才，令宿构序。时王勃[3]省父[4]经此与宴。阎请众宾序，至勃不辞。阎恚甚，密令吏得句即报，至“落霞秋水”句，叹曰：“此天才也！”其婿惭而退。

【注释】

①元婴：李元婴（630—684），唐高祖李渊第二十二子、唐太宗李世民之弟、唐高宗李治之叔，其母为柳宝林。

②阎伯屿：湖广麻城县（今湖北麻城市）人，曾任洪州都督，也曾出任袁州、惠化等地方官吏。

③王勃：（650—676），字子安，唐代诗人。古绛州龙门（今山西河津）人，出身儒学世家，与杨炯、卢照邻、骆宾王并称为“初唐四杰”，王勃为四杰之首。

④省父：看望，问候父亲。

【译文】

滕王阁在南昌府城的章江门上。此处是唐高宗之子李元婴获封滕王时建造。都督阎伯屿重阳节那天在滕王阁宴请宾客，想借此机会夸赞自己的女婿吴子章有才华，便让他提前写好一篇序文。当时，王勃在探望父亲的途中经过这里，也参加了这场宴席。阎伯屿请众位宾客写一篇序，大家都推让，到了王勃没有推辞。阎伯屿觉得王勃太不懂礼数，一气之下回到屋子里去了，但是他让手下将王勃作序的情况秘密向他汇报，到了“落霞与孤鹜齐飞，秋水共长天一色”一句时，他不禁感叹说：“这是天才啊！”他的女婿也惭愧地收回了自己的文章。

岳阳楼

【原文】

岳州西门，滕子京[1]建楼，范希文[2]记，苏子美[3]书，邵竦篆，称四绝。

【注释】

①滕子京：（990—1047），滕宗谅，字子京，河南洛阳人，北宋官员。

②范希文：（989—1052），范仲淹，字希文，谥文正，亦称范履霜，北宋著名文学家、政治家、军事家、教育家。

③苏子美：（1008—1048），苏舜钦，字子美，祖籍梓州铜山（今四川中江），北宋词人。

【译文】

岳阳楼位于岳州的西门，由滕宗谅（子京）建造，范仲淹（希文）写了记文，苏舜钦（子美）手书，邵竦篆刻，堪称四绝。

山川

九山

【原文】

会稽山、衡山、华山、沂山、岱山、岳山、医无闾山、霍山、恒山。

【译文】

九山指会稽山、衡山、华山、沂山、泰山、岳山、医无闾山、霍山、恒山。

九泽

【原文】

大陆泽、雷夏泽、彭蠡泽、云梦泽、震泽、菏泽、孟潴泽、濴泽、具区泽。

【译文】

九泽指大陆泽、雷夏泽、彭蠡泽、云梦泽、震泽、菏泽、孟潴泽、濴泽、具区泽。

五岳

【原文】

东岳泰山，山东济南府泰安州。南岳衡山，湖广衡州府衡山县。中岳嵩山，河南河南府登封县。西岳华山，陕西西安府华阴县。北岳恒山，山西大同府浑源县。

【译文】

东岳泰山，位于山东省济南府泰安州。南岳衡山，位于湖广省衡州府衡山县。中岳嵩山，位于河南省河南府登封县。西岳华山，位于陕西省西安府华阴县。北岳恒山，位于山西省大同府浑源县。

九河

【原文】

曰徒骇、曰太史、曰马颊、曰覆釜、曰胡苏、曰简、曰洁、曰钩盘、曰鬲津。

【译文】

九河分别叫徒骇、太史、马颊、覆釜、胡苏、简、洁、钩盘、鬲津。

五镇

【原文】

东镇沂山，东安公，在沂州。南镇会稽山，永兴公，在绍兴。中镇霍山，应圣公，在晋州。西镇吴山，成德公，在陇州。北镇医无闾山，广宁公，在营州。

【译文】

东镇是沂山，被称为东安公，位于沂州。南镇会稽山，被称为永兴公，位于绍兴。中镇霍山，被称为应圣公，位于晋州。西镇吴山，被称为成德公，位于陇州。北镇医无闾山，被称为广宁公，位于营州。

五湖

【原文】

一洞庭，二青草，三鄱阳，四丹阳，五太湖。一曰五湖者，太湖之别名也，一名震泽，一名笠泽。

四渎（dú）者，江、淮、河、济是也。禹①平②水土，名曰四渎。《礼记》：天子祭天下名山、大川；五岳视三公③；四渎视诸侯。

【注释】

①禹：姓姒，名文命，字（高）密。史称大禹、帝禹，为夏后氏首领、夏朝开国君王。

②平：治理。

③三公：古代中央三种最高官衔的合称。

【译文】

五湖分别是：一是洞庭湖，二是青草湖，三是鄱阳湖，四是丹阳湖，五是太湖。还有说法认为“五湖”就是“太湖”的别名，又名“震泽”，也叫“笠泽”。

“四渎”就是长江、淮河、黄河、济水。大禹治理水土，并为其取名叫“四渎”。《礼记》记载：天子祭天下名山、大川；祭五岳时等同于行三公之礼；祭四渎时等同于行诸侯之礼。

四海

【原文】

天地四方，皆海水相通，九戎、八蛮、九夷、八狄，形类不同，总而言之，谓之四海。渤澥（xiè）者，又东海之别支也。

【译文】

天地的四个方向都与海水相通，九戎、八蛮、九夷、八狄等周边之人，虽然长得各不相同，但都称为四海。所谓“渤澥”，是指东海的一部分。

三岛

【原文】

东海之尽谓之沧海，其中有蓬莱、方丈、瀛洲三神山，金银为宫阙，神仙所居。

【译文】

东海的尽头叫沧海，其中有蓬莱、方丈、瀛洲三座神山，那里的宫殿用金银建造，是神仙的住所。

五山

【原文】

渤海之东有大壑，名归墟，其中有岱舆、员峤、方壶、瀛洲、蓬莱五山。

【译文】

渤海的东边有个叫归墟的巨大的山谷，其中有岱舆、员峤、方壶、瀛洲、蓬莱五座神山。

三江

【原文】

三江者，松江、娄江、东江也。其分流处，曰三江口。

【译文】

三江分别是松江、娄江、东江。三江分流的地方叫作“三江口”。

昆仑山

【原文】

在西番。山极高峻，积雪至夏不消，延亘五百馀（yú）里，黄河经其南。

【译文】

昆仑山在西番。山势高大险峻，山上的积雪到了夏天也不消融，山峰绵延五百多里，黄河流经它的南边。

黄河

【原文】

在西番。其水从地涌出，百馀①泓②，东北汇为大泽。又东流为赤宾河，合忽兰诸河，始名黄河。从东北至陕西、兰州，始入中国。元招讨使都实③始穷④河源。

【注释】

①馀：同“余”。

②泓：量词，指清水一道或一片。

③都实：蒙古人，元代旅行家，金朝女真族蒲察氏后裔，生卒年不详。

④穷：达到极点。

【译文】

黄河在西番。黄河水是从地上涌出来的，大约有一百多处，在东北方汇合成为大湖。再向东流，叫作赤宾河，与忽兰诸河汇合后，才叫作黄河。从东北流到陕西、兰州，才开始进入中原。元代的招讨使都实是第一个到达黄河源头的。

华山

【原文】

韩昌黎①夏日登华山之岭，顾②见其险绝，恐栗，度不可下，据崖大哭，掷遗书为诀。华阴令搭木架数层，绐③其醉，以毡裹缒④下之。

【注释】

①韩昌黎：（768—824），韩愈，字退之。河南河阳（今河南省孟州市）人。自称“郡望昌黎”，世称“韩昌黎”“昌黎先生”。唐代杰出的文学家、思想家、哲学家、政治家。

②顾：回头。

③绐（dài）：欺骗，欺诈。

④缒（zhuì）：用绳索拴住人或物从上往下放。

【译文】

在夏日的一天，韩愈登上华山的高峰，回头望去，看到山势险恶，竟然有些害怕，觉得自己可能下不来了，靠着山崖大哭，还写了遗书扔下来，准备与世诀别。后来华阴县令用木头搭起了数层架子，让韩愈喝醉了，才用毛毡裹住他并用绳子把他放下了山。

天台山

【原文】

上应[①]台星，高一万八千丈，周八百里，从昙花亭麓[②]视石梁瀑布，如在天半上。有琼台玉阙诸景，旧名金庭洞天。

【注释】

①应：对应。

②麓（lù）：山脚下。

【译文】

天台山对应天上的三台星，山高一万八千丈，方圆八百里，从昙花亭的山脚仰望石梁瀑布，就像悬在半空中一样。山中有琼台、玉阙等景点，之前叫金庭洞天。

天姥山

【原文】

在浙之新昌县。李太白[①]梦游天姥，即此。近[②]产茶，名天姥茶。

【注释】

①李太白：李白（701—762），字太白，号青莲居士，又号“谪仙人”，唐代伟大的浪漫主义诗人，被后人誉为“诗仙”。

②近：近些年。

【译文】

天姥山在浙江的新昌县。李太白曾梦游的天姥山就是指这里。近来此处盛产茶叶，名为天姥茶。

云谷山

【原文】

在建阳。群峰上蟠[①]，中阜[②]下踞，虽当晴昼，白云坌[③]入，则咫尺不可辨。朱文公[④]作草堂其中，榜曰“晦庵”。

【注释】

①蟠（pán）：屈曲，环绕，盘伏。

②阜（fù）：土山。

③坌（bèn）：聚积。

④朱文公：朱熹（1130—1200），字元晦，又字仲晦，号晦庵，晚称晦翁，

谥文，世称朱文公。宋朝著名的理学家、思想家、哲学家、教育家、诗人，闽学派的代表人物，儒学集大成者，世尊称为朱子。

【译文】

云谷山在建阳。群峰环绕，中间的山体在下面雄踞。即便是在晴朗的白天，若白云在山间聚积，那么相隔很近的距离也完全看不清眼前的景致。朱熹在其中建了一个草堂，并为其题匾“晦庵”二字。

寒石山

【原文】

唐寒山、拾得二僧居此。丰干和尚谓闾（lú）丘太守曰：“寒山、拾得，是文殊、普贤①后身。”太守往谒②之，二人笑曰：“丰干饶舌③。”遂隐入石中，不复出。

【注释】

①文殊、普贤：指文殊菩萨、普贤菩萨。智、悲、行、愿是大乘佛教四大菩萨之标征，文殊表智慧、观音表慈悲、普贤表行践、地藏表愿力。

②谒（yè）：拜见。

③饶舌：唠叨，多嘴。

【译文】

唐代的寒山、拾得两个僧人曾经居住在寒石山。丰干和尚对闾丘太守说：“寒山、拾得二人是文殊菩萨和普贤菩萨的后身。”太守听了便去山里拜见，寒山、拾得两个人笑着说：“这个丰干真多嘴。”于是便隐入石头中不再出来。

峨眉山

【原文】

眉州城南，来自岷（mín）山，连冈叠嶂①，延袤②三百馀里，至此突起三峰，其二峰对峙，宛若蛾眉。

【注释】

①连冈叠嶂：连绵的山岗，重叠的山峰。

②延袤：绵亘，绵延伸展。

【译文】

峨眉山在眉州城的南边，山势来自岷山，重峦叠嶂，绵延三百多里，到此处耸起三座山峰，其中两座山峰互相对峙，就像女子的一对眉毛。

长白山

【原文】

在开原东北千馀里。横亘千里，其巅有潭，周八十里，深不可测，南流为鸭绿江，北流为混同江。

【译文】

长白山位于开原东北一千多里的地方。山势横亘千里，山顶有一个水潭，周长有八十里，深度不可知，向南流的潭水成了鸭绿江，向北流的就成为混同江。

太行山

【原文】

怀庆府城北。王烈入山，忽闻山北雷声，往视之，裂开数百丈，石间一孔径①尺，中有青泥流出，烈取抟②，即坚凝③，气味如香粳饭。

【注释】

①径：直径。

②抟（tuán）：把东西揉弄成球形。

③坚凝：凝固，凝结。

【译文】

太行山在怀庆府城北。王烈进山，忽然间听见山的北面有打雷的声响，前去察看，只见山体裂开百丈，中间出现一直径一尺的孔，青色的泥从孔中流出，王烈取了一些揉成球，泥立刻凝固变硬，那味道就像香米做成的米饭。

泉石

八功德水

【原文】

一清、二冷、三香、四柔、五甘、六净、七不噎、八除病。北京西山、南京灵谷，皆取此义。

斟溪在连州，一日十溢十竭。潮泉在安宁州，一日三溢三竭。漏勺在贵阳城外，一日百盈百涸，应铜壶漏刻。

【译文】

八功德水要求：一要清、二要冷、三要香、四要柔、五要甜、六要干净、七要不噎人、八要能治病。北京西山、南京灵谷都有八功德水，都是取这样的意义。

连州的斟溪，每天都溢十次但又干枯十次。安宁州的潮泉，每天溢三次又干枯三次。在贵阳城外的漏勺，每天溢一百次又干枯一百次，与计算时间的铜壶漏刻相应。

中泠泉

【原文】

在扬子江心。李德裕[①]为相，有奉使者至金陵，命置中泠水一壶。其人忘却。至石头城，乃汲[②]以献李。饮之，曰："此颇似石头城下水。"其人谢[③]过，不敢隐。

【注释】

①李德裕：（787—850），字文饶，赵郡赞皇（今河北赞皇）人，唐代政治家、文学家，牛李党争中李党领袖，中书侍郎李吉甫次子。

②汲：从井里打水。

③谢：认错，道歉。

【译文】

中泠泉在扬子江心。李德裕在朝为相时，有使者奉命去金陵，李德裕便命他取一壶中泠水。那个人却忘了此事。只好到石头城打了一壶水来献给李德裕。李德裕一喝，便说："这水很像石头城下的水。"那人立即认错，把实情一五一十禀告了李德裕。

惠山泉

【原文】

在无锡县锡山。旧名九龙山，有泉出石

穴。陆羽[1]品之，谓天下第二泉。

【注释】

①陆羽：（733—804），字鸿渐，复州竟陵（今湖北天门）人，一名疾，字季疵，道号竟陵子、桑苎翁、东冈子，又号“茶山御史”。唐代著名的茶学家，被誉为“茶仙”，尊为“茶圣”，祀为“茶神”。

【译文】

惠山泉在无锡县的锡山。以前称九龙山，有一眼泉水从山中石穴里涌出。陆羽品尝之后，称它为天下第二泉。

趵突泉

【原文】

在济南。平地上水趵[1]起数尺，看水者以水之高下，卜[2]其休咎[3]。

【注释】

①趵（bào）：跳跃。

②卜：占卜。

③休咎：吉凶，善恶。

【译文】

趵突泉在济南。在平地上泉水能涌出几尺高，看水的人以水涌出的高度来占卜事情的吉凶善恶。

阿井水

【原文】

在东阿县。以黑驴皮，取其水煎成膏，即名阿胶。

【译文】

阿井水在东阿县。取黑驴的皮作为原料，用阿井水煎成膏，就叫作“阿胶”。

夜合石

【原文】

新昌东北洞山寺水口，有二石，高丈馀[1]，土人[2]言：“二石夜间常合为一。”

【注释】

①馀：余。

②土人：土著，本地人。

【译文】

新昌县东北洞山寺水的出口处，有两块一丈多高的石头，当地人说这两块石头到了晚上常常会合二为一。

热石

【原文】

临武有热石，状如常石，而气如炽炭，置物其上立焦。

【译文】

临武有一块热石，看着就是一块普通的石头，但是实际上非常烫，把东西放上去立刻就被烤焦了。

松化石

【原文】

松树至五百年，一夜风雷化为石质，其树皮松节，毫忽①不爽②。唐道士马自然③指延真观松当化为石，一夕果化。

【注释】

①毫忽：极微小的一点点。忽、毫均是微小的度量单位。

②不爽：不差，没有差错。

③马自然：马湘，字自然，浙江杭州盐官人（海宁）。唐代的云游道士。

【译文】

松树长到五百年后，经过一夜风雷变成石头，但是树的树皮枝丫却没有任何变化。唐代道士马自然曾说延真观的松树应当化为石头，过了一晚果然变成了石头。

望夫石

【原文】

武昌山有石，状如人。俗传贞妇之夫从役远征，妇携子送至此，立望其夫而死，尸化为石。

【译文】

武昌的山上有一块长得像人的石头。据说民间有位坚贞的妻子，丈夫远征，她便带着孩子送行到此处，望着丈夫直至身死，尸身化成了“望夫石”。

赤心石

【原文】

武后[①]时争献祥瑞。洛滨居民，有得石而剖之中赤者，献于后，曰："是石有赤心。"李昭德[②]曰："此石有赤心，其馀岂皆谋反也！"

【注释】

①武后：(624—705)，武则天，名曌（zhào），并州文水（今山西文水县东）人。中国历史上唯一的正统的女皇帝，也是即位年龄最大（67岁即位）、寿命最长的皇帝之一（终年82岁）。

②李昭德：(？—697)，京兆长安（今陕西西安）人，唐朝宰相。

【译文】

武则天时，很多人争相向其进献预示吉祥的东西。有一个住在洛阳边上的居民偶然在路边发现一块石头，剖开见里面是红色的，便高兴地进献给武则天，说："这块石头有一颗丹心。"李昭德说："这块石头有丹心，难道其余的石头都想谋反吗！"

十九泉

【原文】

在严滩钓台下。陆羽品天下泉味，谓此泉当居第十九。

【译文】

十九泉在严滩的钓台下。陆羽几乎品遍了天下泉水的味道，说十九泉的泉水应排到第十九位。

一指石

【原文】

在桐庐县缀岩谷间，以指抵之则动，故名。

【译文】

一指石在桐庐县缀岩谷里，用手指戳它就会动，因此得名。

鱼石

【原文】

涪州江心有石，上刻双鱼，每鱼三十六鳞，旁有石秤石斗，现则岁丰。

【译文】

涪州的江心有一块石头，上面刻着两条鱼，每条鱼有三十六个鳞片，旁边还有石秤和石斗，这块石头一出现便预示着这一年会大丰收。

玉泉

【原文】

在玉泉山下。泉出石罅[1]间，因凿石为螭[2]头，泉从螭口出，鸣若杂佩[3]，色若素练，味极甘美，潴[4]而为池，广可三丈，流于西湖，遂为燕山八景之一。

【注释】

①罅（xià）：缝隙，裂缝。

②螭（chī）：古代传说中一种没有角的龙。古建筑或器物、工艺品上常用它的形状作装饰。

③杂佩：总称连缀在一起的各种佩玉。

④潴（zhū）：水积聚。

【译文】

玉泉在玉泉山下。泉水从石头的缝隙之间流出，后来根据石势凿成龙头，泉水正好从龙的口中流出，声音就像杂沓的佩玉，颜色洁白如绸，味道甘甜，积水成池，直径有三丈，流入西湖，成为燕山八景之一。

景致

泰山四观

【原文】

日观，鸡一鸣，见日始欲出，长三丈所。秦观，望见长安。吴观，望见会稽。周观，望见齐西北。

【译文】

日观，鸡打鸣时可以见到太阳初升，长三丈多。秦观，可以望见长安城。吴观，可以望见会稽山。周观，可以望见齐西北。

燕山八景

【原文】

蓟门飞雨、瑶岛春阴、太液秋风、卢沟晓月、居庸叠翠、玉泉垂虹、道陵夕照、西山晴雪。

【译文】

燕山八景指：蓟门飞雨、瑶岛春阴、太液秋风、卢沟晓月、居庸叠翠、玉泉垂虹、道陵夕照、西山晴雪。

关中八景

【原文】

辋川烟雨、渭城朝云、骊城晚照、灞桥风雪、杜曲春游、咸阳晚渡、蓝水飞琼、终南叠翠。

【译文】

关中八景指：辋川烟雨、渭城朝云、骊城晚照、灞桥风雪、杜曲春游、咸阳晚渡、蓝水飞琼、终南叠翠。

桃源八景

【原文】

桃川仙隐、白马雪涛、绿萝晴昼、梅溪烟雨、浔阳古寺、楚山春晓、沅江夜月、潼坊晓渡。

【译文】

桃源八景指：桃川仙隐、白马雪涛、绿萝晴昼、梅溪烟雨、浔阳古寺、楚山春晓、沅江夜月、潼坊晓渡。

姑孰十咏

【原文】

姑孰溪、丹阳湖、谢公宅、凌歊台、桓公井、慈母竹、望夫石、牛渚矶、灵墟山、天门山。

【译文】

姑孰十咏指：姑孰溪、丹阳湖、谢公宅、凌歊台、桓公井、慈母竹、望夫石、牛渚矶、灵墟山、天门山。

潇湘八景

【原文】

烟寺晚钟、沧江夜雨、平沙落雁、远浦归帆、洞庭秋月、渔村夕照、山市晴岚、江天暮雪。

【译文】

潇湘八景指：烟寺晚钟、沧江夜雨、平沙落雁、远浦归帆、洞庭秋月、渔村夕照、山市晴岚、江天暮雪。

越州十景

【原文】

秦望观海、炉峰看雪、兰亭修禊（xì）、禹穴探奇、土城习舞、镜湖泛月、怪山瞻云、吼山云石、云门竹筏、汤闸秋涛。

【译文】

越州十景指：秦望观海、炉峰看雪、兰亭修禊、禹穴探奇、土城习舞、镜湖泛月、怪山瞻云、吼山云石、云门竹筏、汤闸秋涛。

西湖十景

【原文】

两峰插云、三潭印月、断桥残雪、南屏晚钟、苏堤春晓、曲院荷风、柳浪闻莺、雷峰夕照、平湖秋月、花港观鱼。

雁荡山顶有一湖，春雁归时，尝宿于此。内有七十七峰，在温州乐清县。谢康乐①剔②隐搜奇，足迹所不能到。至宋祥符，造玉清宫，伐木至此，乃始知名。

【注释】

①谢康乐：谢灵运（385—433），原名公义，字灵运，以字行于世，小名客儿，世称谢客。南北朝时期杰出的诗人、文学家、旅行家。

②剔：挑拣，搜寻。

【译文】

西湖十景指：两峰插云、三潭印月、

断桥残雪、南屏晚钟、苏堤春晓、曲院荷风、柳浪闻莺、雷峰夕照、平湖秋月、花港观鱼。

雁荡山的山顶有一个湖，春天大雁回归时，经常会停留在此处休息。里面有七十七座山峰，地处温州的乐清县。即使是擅于发掘隐境、搜罗奇景的谢灵运，也不曾到过这里。到了宋代大中祥符年间，因建造玉清宫采伐木材，才发现了这里。

卷三 人物部

帝王

【原文】

天皇始称皇，伏羲①始称帝，夏、商、周始称王。神农②母安登感天而生，始称天子。文王始称世子。秦始皇始尊父庄襄王为太上皇。周制称王妃为王后；秦称皇帝，遂称皇后。汉武帝始尊祖母窦为太皇太后。魏称诸王母为太妃。晋元帝始称生母为皇太妃。

【注释】

①伏羲：华夏民族人文先始、三皇之一，亦是与女娲同为福佑社稷之正神。楚帛书记载其为创世神，是目前中国最早的有文献记载的创世神。

②神农：（前3245—前3080），即炎帝，距今5500年至6000年前生于历山（今湖北随州市境内），中国远古传说中的太阳神。又称神农氏，被世人尊称为"药王""五谷王""五谷先帝""神农大帝""地皇"等。华夏太古三皇之一，传说中的农业和医药的发明者，有"神农尝百草"的传说。

【译文】

天皇最开始称为"皇"，伏羲开始称为"帝"，夏、商、周三代开始称为"王"。神农的母亲安登感通上天生下了神农，称为"天子"。周文王开始称"世子"。秦始皇开始称其父亲秦庄襄王为"太上皇"。在周朝，称君王的妻子为"王后"；由于秦朝开始称"皇帝"，便改称"皇后"。汉武帝时期开始称其祖母窦氏为"太皇太后"。魏开始称诸王的母亲为"太妃"。晋元帝开始称自己的生母为"皇太妃"。

皇帝

【原文】

古或称皇或称帝。秦始皇①自谓德过三王，功高五帝，乃更号曰皇帝。命曰制，令曰诏，自称曰朕。古者称朕，上下共之。咎繇②与帝言称朕；屈原③曰朕皇考。至秦独以为尊。

【注释】

①秦始皇：（前259—前210），嬴姓，赵氏，名政，又名赵正（政）、秦政，

或称祖龙，秦庄襄王之子。中国历史上著名的政治家、战略家、改革家，首位完成华夏大一统的铁腕政治人物，也是古今中外第一个称皇帝的君主。

②咎繇：即皋陶（gāo yáo），约前（2280—约前 2170），中国上古传说中的人物，出生于山西省临汾市洪洞县皋陶村，上古时期伟大的政治家、思想家、教育家，被史学界和司法界公认为中国司法鼻祖。

③屈原：（前 340—前 278），战国时期楚国诗人、政治家。芈姓，屈氏，名平，字原；又自云名正则，字灵均 。

【译文】

古时，皇帝称王为“皇”或“帝”。秦始皇自认为功德超过三王，功劳高于五帝，便自改称号为“皇帝”。皇帝的任命叫作“制”，皇帝的命令叫作“诏”，皇帝自称“朕”。古代的君王自称“朕”，对上层和下层都可以。咎繇便对皇帝自称“朕”；屈原《离骚》里说“朕皇考”。到了秦朝，规定“朕”只能皇帝一人使用。

山呼

【原文】

汉武帝①登嵩山，帝与左右吏卒咸②闻呼万岁者三。后人袭③之，遂名山呼。

【注释】

①汉武帝：（前 156—前 87），刘彻，西汉第七位皇帝，杰出的政治家、战略家、诗人。

②咸：都，全部。

③袭：沿袭，继承。

【译文】

汉武帝登上嵩山，武帝、左右大臣及手下的吏卒全都听到有人高声呼喊了三次“万岁”。后人便沿用这个称呼，称作“山呼”。

大宝

【原文】

圣人之大宝曰位。何以守位，曰仁。

【译文】

圣人最宝贵的是帝位。行仁义才能牢牢守住帝位。

神器

【原文】

天下者，神明之器也。《王命论》曰：神器有命，不可以智力求。

【译文】

天下是神明之器。《王命论》说：神器是有定数的，不可以用智慧和力量来谋求。

龙飞

【原文】

新主登极[1]曰龙飞，取《易经》“飞龙在天，利见大人”。盖乾九五为君位，故云。《华林集》：“位以龙飞，文以虎变。”

【注释】

①登极：指皇帝即位。

【译文】

新皇即位称“龙飞”，取《易经》乾卦九五中“巨龙高飞在天，利于出现大人”的意思。因为乾卦九五被视为是“君位”。《华林集》说：“位以龙飞，文以虎变。”

虎拜

【原文】

群臣觐（jìn）君曰虎拜。《诗经》：“虎拜稽首，天子万寿。”谓召穆公虎既拜，受王命之辞，而祝天子以万寿也。

【译文】

群臣觐见君王就叫作“虎拜”。《诗经》有“虎拜稽首，天子万寿”的句子，是说召穆公虎下拜，接受周宣王的封赐，并祝天子万寿无疆。

玉牒

【原文】

帝胄[1]之谱名玉牒。韩文“明德镂白玉之牒”。又宗人府曰玉牒所。

【注释】

①胄（zhòu）：帝王或贵族的子孙。

【译文】

皇帝子孙后代的家谱叫“玉牒”。韩愈的文章说“明德镂白玉之牒”。主管皇室事务的宗人府也称为玉牒所。

邦贞国贰

【原文】

《尚书》：“一人元良①，万邦之贞。”太子之谓也。高允②曰：“太子，国之储贰③。”

【注释】

①元良：大善至德，一般指大贤之士。

②高允：（390—487），字伯恭，渤海蓨县（今河北景县）人，南北朝时期北魏大臣，著名文学家。

③储贰：亦作“储二”。储副，太子。

【译文】

《尚书》说：“一人若有大善之德，便是万国的贞祥。”这是在说太子。北魏大臣高允曾说：“太子，是国家的太子。”

日重光

【原文】

崔豹①《古今注》：汉明帝②为太子时，乐人歌诗四章以赞美之，其一日重光，其二月重轮，其三星重辉，其四海重润。

【注释】

①崔豹：字正雄，西晋渔阳郡（今北京市密云县西南）人。

②汉明帝：（28—75），刘庄，初名刘阳，光武帝刘秀第四子，母光烈皇后阴丽华，东汉第二位皇帝。

【译文】

崔豹《古今注》记载：汉明帝在未登君位还是太子的时候，乐师们唱了四篇诗来颂扬他，第一是日重光，第二是月重轮，第三是星重辉，第四是海重润。

逍遥晚岁

【原文】

《唐书》：高祖①谓裴寂②曰："公为宗臣③，我为太上皇，逍遥晚岁，不亦善乎？"

【注释】

①高祖：即唐高祖李渊（566—635），字叔德，祖籍邢州尧山（邢台隆尧），唐朝开国皇帝。

②裴寂：（573—629），字玄真，蒲州桑泉（今山西临猗）人，唐朝宰相。

③宗臣：世所敬仰的名臣。

【译文】

《唐书》记载：唐高祖对裴寂说："你是世人敬仰的名臣，我为太上皇，逍遥快活地度过晚年，不也是很好吗？"

女中尧舜

【原文】

高琼①赞宋宣仁太后②曰："笃生圣后，女中尧舜。"

【注释】

①高琼：（935—1006），字宝臣，亳州蒙城（今安徽省蒙城县）人，北宋大将。

②宋宣仁太后：（1032—1093），高氏，小名滔滔，亳州蒙城（今安徽省蒙城县）人，宋英宗皇后。

【译文】

北宋大将高琼称赞宣仁太后说："这样圣明的皇后生下来就得天独厚，是女子中的尧、舜。"

仪宾

【原文】

汉制：皇女皆封县公主，诸王女皆封乡亭公主，承王女、宗女者封仪宾、封郡马。

【译文】

汉朝的制度：皇帝的女儿封为县公主，各地同姓王的女儿封为乡亭公主，继承王位者的女儿封为仪宾，宗室的女儿封为郡马。

官家

【原文】

李侍读仲容①侍真宗②饮，命饮巨觥③。仲容曰："告官家免巨觥。"上问："卿之称朕何谓官家？"对曰："五帝官天下，三王家天下，兼三五之德，故称官家。"

【注释】

①仲容：李仲容，字仪父，李涛孙，京兆万年人。

②真宗：宋真宗赵恒（968—1022），宋朝第三位皇帝，宋太宗第三子，母为元德皇后李氏。初名赵德昌，后改赵元休、赵元侃。

③觥（gōng）：古代酒器。

【译文】

在李仲容还是宋真宗的侍读官时，真宗命他喝一大杯酒。李仲容说："告请官家免除这一大杯酒吧。"真宗问："你为什么称我为'官家'？"李仲容回答："五帝以天下为官，三王以天下为家，而陛下您兼有三皇五帝之德，故合称'官家'。"

县官

【原文】

《霍光传》称天子为县官。

【译文】

《史记·霍光传》称天子为县官。

华祝

【原文】

尧观于华，华封人曰："嘻！请祝圣人多富、多寿、多男子。"

【译文】

尧帝到华地视察，华地守封疆的封人说："啊！请接受我的祝福，祝圣人多富、多寿、多子嗣。"

陛下

【原文】

陛[1]，阶也。天子必有近臣，执兵器陈于陛侧，以戒不虞[2]。谓之陛下者，群臣与天子言，不敢指斥天子，故呼在陛下者而告之，因卑达尊之义也。上书亦如之。

【注释】

①陛：宫殿的台阶。

②虞：预料。

【译文】

陛，是指台阶。古时天子身边一定得有保护天子的近卫之臣，手执兵器站列在台阶两旁，以防意外发生。称皇帝为陛下，是因为群臣与天子说话时，不能直接指点天子，而是让台阶下的臣子转禀天子，这是让下人传达信息给地位尊贵的人的意思。给皇帝上书也是如此。

青宫

【原文】

东明山有宫，青石为墙，门有银榜[1]，以青石碧镂，题曰“天地长男之宫”。故太子名青宫，又曰东宫。

【注释】

①银榜：宫殿或庙宇门端所悬的辉煌华丽的匾额。

【译文】

东明山有座用青石垒成的宫殿，宫殿门上有银匾，匾上题有“天地长男之宫”，字用青石镂刻成。所以，太子名叫青宫，又叫东宫。

女官

【原文】

周始制女史[1]，佐内治[2]。汉制女官十四等，数百人。唐设六局、二十四司，官九十人，女史五十馀人。

【注释】

①女史：古代女官。

②内治：治理内宫。

【译文】

从周代开始，才设立了女官来辅佐治理天子内宫。汉代规定女官有十四等，大概有数百人。唐代开设六局、二十四司，有女官九十人，女史五十多人。

宗室

【原文】

周公始置中士奠①世系。唐玄宗始诏李衢（qú）、林宝撰玉牒百十卷。宋真宗始崇皇属籍。周始建宗盟②，选宗中之长为正。唐宗室始期亲加皇属，外任不著姓。宋神宗始换授，始外官加姓，始诏宗室应举③。

【注释】

①奠：稳固地安置。

②宗盟：同宗，同姓。

③应举：封建社会中对参加科举考试的称呼，中者为举人。

【译文】

周公开始设置中士，来稳固世代的谱系。唐玄宗开始命李衢、林宝撰作百十卷玉牒。宋真宗开始尊崇皇家的属籍。周代开始建立同宗之盟，选同宗中年长者为宗正。唐代宗室开始把已过数代的同宗期亲的人当作皇家血统，外任调派的地方官不用皇室。宋神宗开始依才能选任官员，外任官便也加皇室之姓，开始让皇家宗室参加科举考试。

国祚

【原文】

五帝：伏羲一百一十五年；神农一百四十年，传七世，共三百七十五年；黄帝一百年；少昊八十四年，颛顼七十八年；帝喾七十年；帝挚九年；帝尧七十二年；帝舜六十一年。三王：夏禹十七世，共四百五十八年；商汤二十八世，共六百四十四年；周三十七世，共八百七十三年。秦三世，共三十九年。西汉十一世，共二百三十一年；东汉十四世，共一百九十六年；蜀汉二世，共四十四年。晋四世，共五十二年；东晋十一世，共一百五年。前五代共一百六十九年。唐二十世，共二百九十年。后五代共五十六年。北宋九世，共一百六十八年；南宋九世，共一百五十五年。元十世，共八十九年。

【译文】

五帝：伏羲一百一十五年；神农一百四十年，传了七世，共三百七十五年；黄帝一百年；少昊八十四年，颛顼七十八年；帝喾七十年；帝挚九年；帝尧七十二年；帝舜六十一年。三王：夏禹传了十七世，共四百五十八年；商汤传了二十八世，共六百四十四年；周代传了三十七世，共八百七十三年。秦代传了三世，共三十九年。西汉传了十一世，共二百三十一年；东汉传了十四世，共一百九十六年；蜀汉传了二世，共四十四年。晋代传了四世，共五十二年；东晋传了十一世，共一百零五年。前五代共一百六十九年。唐代传了二十世，共二百九十年。后五代共五十六年。北宋传了九世，共一百六十八年；南宋传了九世，共一百五十五年。元代传了十世，共八十九年。

皇明国祚

【原文】

洪武三十一年，建文四年，永乐二十二年，洪熙一年，宣德十年，正统十四年，景泰八年，天顺八年，成化二十二年，弘治十八年，正德十六年，嘉靖四十五年，隆庆六年，万历四十八年，天启七年，崇祯十七年，共二百七十七年。历朝御讳：太祖，惠宗，成祖，仁宗，宣宗，英宗，景帝，宪宗，孝宗，武宗，世宗，穆宗，神宗，光宗，熹宗，思宗。

【译文】

洪武共有三十一年，建文四年，永乐二十二年，洪熙一年，宣德十年，正统十四年，景泰八年，天顺八年，成化二十二年，弘治十八年，正德十六年，嘉靖四十五年，隆庆六年，万历四十八年，天启七年，崇祯十七年，共二百七十七年。明代历朝皇帝御名：明太祖，明惠宗，明成祖，明仁宗，明宣宗，明英宗，明景帝，明宪宗，明孝宗，明武宗，明世宗，明穆宗，明神宗，明光宗，明熹宗，明思宗。

仪制

黄屋左纛

【原文】

黄屋，黄盖也。左纛①，以牦牛尾为旗纛，列之左也。

【注释】

①纛（dào）：古代军队里的大旗。

【译文】

黄屋指黄色的车盖，代指帝王的车驾。左纛，是用牦牛尾来做军队的大旗，一般排列在左侧。

羽葆

【原文】

聚五采羽为幢①，建于车上，天子之仪卫也。

【注释】

①幢（chuáng）：古代原指支撑帐幕、伞盖、旌旗的木杆，后借指帐幕、伞盖、旌旗。

【译文】

用五彩的羽毛做成旌旗，放在皇帝的车驾上，这是皇帝的仪仗。

九旂

【原文】

画日月曰常；画蛟龙曰旂（qí）；通帛①曰旃（zhān）；杂帛曰物；画熊虎曰旗；画鸟隼②曰旟（yú）；画龟龙曰旐（zhào）；全羽③曰旞（suì）；析羽④曰旌（jīng）。

【注释】

①通帛：用纯色丝帛制作的旗帜。

②隼（sǔn）：鸟类的一科。

③全羽：完整的彩色鸟羽。

④析羽：古代用来装饰旗子的穗状羽毛。后亦泛指旗帜。

【译文】

旗面上画日月的旗子叫“常”；旗面上画着蛟龙的旗子叫“旂”；用一种颜色的旗子叫“旃”；用多种颜色的旗子叫

"物"；旗面上画着熊虎的旗子叫"旗"；旗面上画着飞禽的旗子叫"旟"；旗面上画着龟龙的旗子叫"旐"；用完整的彩色羽毛做的旗子叫"旞"；用穗状的彩色羽毛做的旗子叫"旌"。

卤簿

【原文】

车驾出行，羽仪①导护，谓之卤簿。卤，大盾也，所以捍蔽②；部位③之次，皆著之于簿。五兵盾在外，馀兵在内，以大盾领一部之人。故名卤簿。

【注释】

①羽仪：仪仗中以羽毛装饰的旌旗之类。

②捍蔽：遮挡，护卫。

③部位：行列，次序。

【译文】

帝王的车驾出行，通常要有羽翼仪仗的引导与保护，这叫作"卤簿"。卤就是用来捍卫与遮蔽的大的盾牌；仪仗的位置与次序，都会记录在册。有五种兵持盾在外围，其余的兵在内侧，用大盾来领导一部的人。所以名叫"卤簿"。

髦头

【原文】

武祖①问髦头②之义，彭权对曰："《秦纪》云：国有奇怪③，触山截水，无不崩溃，惟畏髦头。故使武士服④之，卫至尊也。"

【注释】

①武祖：司马炎（236—290），字安世，河内温县（今河南省温县）人，晋朝开国皇帝。

②髦（máo）头：古代帝王大驾出宫时，武士披发前驱者。

③奇怪：不寻常的人或事物。

④服：作，担任。

【译文】

晋武帝问"髦头"的制度是从何而来的，侍中彭权回答说："《史记·秦本纪》记载说国内有一怪物，能倒山断水，任何东西碰到就会受害，但却只害怕散开头发的髦头。所以让武士装扮成髦头，用来卫护天子。"

传国玺

【原文】

秦始皇以卞和玉制传国玺，命李斯①篆文。其文曰："受命于天，既寿永昌。"相传卞和玉制为三印，一传国玺，一天师印，一茅山道士印。

【注释】

①李斯：（前284—前208），名斯，字通古。战国末期楚国上蔡（今河南省上蔡县芦冈乡李斯楼村）人。秦代著名的政治家、文学家和书法家。

【译文】

秦始皇时期用卞和玉制成传国玉玺，并让李斯在玉玺上撰写铭文。内容是："受命于天，既寿永昌。"相传，卞和玉制成了三个印，一个是传国玉玺，一个是张天师印，一个是茅山道士印。

十二章

【原文】

日、月、星、辰、山龙、华虫六者绘之于衣，宗彝、藻、火、粉米、黼（fǔ）、黻（fú）绣之于裳，所谓十二章也。华虫，雉也；宗彝，虎蜼①；藻，水草；黼，若斧形，取其断也；黻，为两巳相背，取其辨②也。

【注释】

①蜼：一种体形较大的长尾猴，黄黑色，尾长数尺。

②辨：分辨。

【译文】

在上衣上画上日、月、星、辰、山龙、华虫这六种图案，在下衣上画上宗彝、藻、火、粉米、黼、黻绣，这就是所谓的十二章。华虫即五彩的雉；宗彝，即虎和长尾猿猴；藻，就是水草；黼，是一种像斧子形状的图案，取其能断之义；黻，好像两个"巳"字背靠的图案，取其分辨的含义。

皇后六服

【原文】

袆（huī）衣。揄狄。阙狄。鞠衣。展衣。褖（tuàn）衣。

【译文】

皇后六服指：袆衣、揄狄、阙狄、鞠衣、展衣、褖衣。

九门

【原文】

天子一关门，二远郊门，三近郊门，四城门，五皋（gāo）门，六库门，七雉门，八应门，九路门。

【译文】

天子宫禁有九重门：一是关门，二是远郊门，三是近郊门，四是城门，五是皋门，六是库门，七是雉门，八是应门，九是路门。

丹墀

【原文】

《西京赋》曰："右平左墄，青琐丹墀①。"注：天子赤墀列为九级，中分左右，有齿介之，右则平之，令辇②得上阶也。

【注释】

①墀（chí）：台阶上的空地，亦指台阶。

②辇（niǎn）：古代用人拉着走的车子，后多指天子或王室坐的车子。

【译文】

《西京赋》说："右平左墄，青琐丹墀。"注解说：天子宫殿有红色的台阶九层，从中间左右分开，左边有台阶，右边则造成平的，可以让辇车上来。

名臣

六佐

【原文】

伏羲六佐：金提主化俗，鸟明主建福，视默主灾恶，纪通主中职，仲起主海陆，阳侯主江海。

【译文】

伏羲有六位辅佐大臣：金提主管化俗，鸟明主管建福，视默主管灾恶，纪通主管中职，仲起主管海陆，阳侯主管江海。

六相

【原文】

轩辕六相：风后、力牧、太山、稽、常先、大鸿。得六相而天下治。

【译文】

轩辕黄帝有六相，分别为：风后、力牧、太山、稽、常先、大鸿。有了这六位大臣便得到了治理天下的方法。

八元

【原文】

高辛氏①有才子八人：伯奋、仲堪、叔献、季仲、伯虎、仲熊、叔豹、季狸，天下谓之八元。

【注释】

①高辛氏：帝喾，中国古代神话传说中的上古帝王。

【译文】

高辛氏有八个才能出众的后代：伯奋、仲堪、叔献、季仲、伯虎、仲熊、叔豹、季狸，天下称之为八元。

八恺

【原文】

高阳氏①有才子八人：苍舒、隤敳（tuí ái）、檮戭（táo yǎn）、大临、尨降（méng jiàng）、庭坚、仲容、叔达，天下谓之八恺。

【译文】

高阳氏生了八个有才能的儿子：苍舒、隤敳、檮戭、大临、尨降、庭坚、仲容、叔达，天下称之为八恺。

四凶

【原文】

帝鸿氏有不才子曰浑沌（hún dùn），少昊氏有不才子曰穷奇，颛顼氏有不才子曰梼杌（táo wù），缙云氏有不才子曰饕餮（tāo tiè），谓之四凶。

【译文】

帝鸿氏有一个叫浑沌的不成器的儿子，少昊氏有一个叫穷奇的不成器的儿子，颛顼氏有一个叫梼杌的不成器的儿子，缙云氏有一个叫饕餮的不成器的儿子，称为“四凶”。

五臣

【原文】

舜[1]有臣五人，禹、稷、契、皋陶、伯益。

【注释】

①舜：（前 2277—前 2178），姚姓，妫（guī）氏，名重华，字都君，谥曰“舜”，中国上古时代父系氏族社会后期部落联盟首领，建立虞国，治都蒲阪（pú bǎn）（今山西永济市），被后世尊为帝，列入“五帝”，史称帝舜、虞舜、舜帝，故后世以舜称之。

【译文】

舜帝有五位贤臣：禹、稷、契、皋陶、伯益。

九官

【原文】

舜命九官，禹、契、稷、伯益、皋陶、夔（kuí）、龙、垂、伯夷。

【译文】

舜帝任命了九官：禹、契、稷、伯益、皋陶、夔、龙、垂、伯夷。

八士

【原文】

周有八士，伯达、伯适、仲突、仲忽、叔夜、叔夏、季随、季騧（guā）。

【译文】

周朝有八位贤士，分别为：伯达、伯适、仲突、仲忽、叔夜、叔夏、季随、季騧。

四皓

【原文】

东园公，姓辕名秉字宣明；绮里季，姓朱名晖字文季；夏黄公，姓崔名廓字少通；角里先生，姓周名述字元道。隐于商山，谓之商山四皓。

【译文】

东园公，姓辕名秉字宣明；绮里季，姓朱名晖字文季；夏黄公，姓崔名廓字少通；角里先生，姓周名述字元道。因为他们隐居在商山，所以称之为商山四皓。

麒麟阁十一人

【原文】

汉宣帝①以夷狄②宾服③，思股肱④之美，乃图画其人于麒麟阁，共十一人，唯霍光不名，曰大司马、大将军博陆侯姓霍氏。其次张安世、韩增、赵充国、魏相、丙吉、杜延年、刘德、梁丘贺、萧望之、苏武。

【注释】

①汉宣帝：（前91—前49），刘询，原名刘病已，汉武帝刘彻曾孙，西汉第十位皇帝，公元前74年至公元前49年在位。

②夷狄：古称东方部族为夷，北方部族为狄，常用以泛称除华夏族以外的各族。

③宾服：服从，归附。

④股肱：大腿和胳膊。引申为辅佐君主的大臣。

【译文】

汉宣帝时期，四方之国前来朝贡，汉宣帝想展示自己股肱大臣的功业，便命人将他们的画像挂在麒麟阁，共有十一个人，其中只有霍光不写名字，只称为"大司马、大将军博陆侯姓霍氏"。以下依次是张安世、韩增、赵充国、魏相、丙吉、杜延年、刘德、梁丘贺、萧望之、苏武。

云台二十八将

【原文】

汉光武①思中兴功臣，乃画二十八将于南宫云台，其位次以邓禹为首，次马成、吴汉、王梁、贾复、陈俊、耿弇（biàn）、杜茂、寇恂、傅俊、岑彭、坚镡、冯异、王霸、朱祐、任光、祭遵、李忠、景丹、万修、盖延、邳（pī）彤、铫（yáo）期、刘植、耿纯、臧宫、马武、刘隆。后又益以王常、李通、窦融、卓茂，共三十二人。马援以椒房②不与。

【注释】

①汉光武：汉世祖光武皇帝刘秀（前5—57），字文叔，南阳郡蔡阳（今湖北省襄阳市枣阳市）人，中国东汉帝国的建立者，庙号世祖，谥号光武皇帝。

②椒房：后妃的代称。

【译文】

东汉光武帝怀念汉室中兴的功臣，于是画了二十八个将领的像供在南宫的云台，以邓禹为首，依次是马成、吴汉、王梁、贾复、陈俊、耿弇、杜茂、寇恂、傅俊、岑彭、坚镡、冯异、王霸、朱祐、任光、祭遵、李忠、景丹、万修、盖延、邳彤、铫期、刘植、耿纯、臧宫、马武、刘隆。后来又增加了王常、李通、窦融、卓茂，共有三十二人。马援因是国戚，才没有被列入。

十八学士

【原文】

唐高祖以秦王世民①功高，令开府置属。秦王乃开馆于宫西，延②四方文学之士杜如晦、房玄龄、虞世南、褚（chǔ）亮、姚思廉、李玄道、蔡允恭、薛元敬、颜相时、苏勖（xù）、于志宁、苏世长、薛收、李守素、陆德明、孔颖达、盖文达、许敬宗，使库直③阎立本图像。预④其选者，时人谓之登瀛洲。

【注释】

①世民：唐太宗李世民（598—649），籍陇西成纪，是唐高祖李渊和窦皇后的次子，唐朝第二位皇帝，杰出的政治家、战略家、军事家、诗人。

②延：邀请。

③库直：又作“库真”，唐初的王府属官。

④预：参与。

【译文】

秦王李世民在灭隋朝时功劳大，唐高祖便允许他自立府署，选置僚属。于是，秦王便在皇宫之西开馆，招揽四方文采博学之士，如杜如晦、房玄龄、虞世南、褚亮、姚思廉、李玄道、蔡允恭、薛元敬、颜相时、苏勖、于志宁、苏世长、薛收、李守素、陆德明、孔颖达、盖文达、许敬宗等，并让阎立本来为他们画像。入选这个名单的人，当时人称之为“登瀛洲”。

凌烟阁二十四人

【原文】

唐太宗图其功臣于凌烟阁，长孙无忌、赵郡王孝恭、杜如晦、魏徵（zhēng）、房玄龄、高士廉、尉迟敬德、李靖、萧瑀（yǔ）、段志玄、刘弘基、屈突通、殷开山、柴绍、长孙顺德、张亮、侯君集、张公谨、程知节、虞世南、刘政会、唐俭、李世勣（jì）、秦叔宝，共二十四人。

【译文】

唐太宗命人画了功臣的画像，悬挂在凌烟阁，有长孙无忌、赵郡王李孝恭、杜如晦、魏徵、房玄龄、高士廉、尉迟敬德、李靖、萧瑀、段志玄、刘弘基、屈突通、殷开山、柴绍、长孙顺德、张亮、侯君集、张公谨、程知节、虞世南、刘政会、唐俭、李世勣、秦叔宝，共二十四人。

竹林七贤

【原文】

嵇（jī）康、阮籍、山涛、向秀、刘伶、王戎、阮咸为竹林七贤，日以酣饮为事。颜延之作《五君咏》，独述阮步兵、嵇中散、刘参军、阮始平、向尚侍，而山涛、王戎以贵显被黜①。

【注释】

①黜：废除，取消，舍弃。

【译文】

嵇康、阮籍、山涛、向秀、刘伶、王戎、阮咸被称为竹林七贤，他们每日饮酒作乐。颜延之写《五君咏》的诗，只称述阮籍、嵇康、刘伶、阮咸、向秀五人，而山涛和王戎因为官高名显而被舍弃。

香山九老

【原文】

白乐天、胡杲（gǎo）、吉旼（mín）、郑据、刘真台、卢慎、张浑，年俱七十以上，狄兼谟（mó）、卢贞未及七十，白香山①重其品，亦拉入会，日饮于龙门寺。时人称香山九老。

【注释】

①白香山：白居易（772—846），字乐天，号香山居士，生于河南新郑。唐代伟大的现实主义诗人。

【译文】

白乐天、胡杲、吉旼、郑据、刘真台、卢慎、张浑，年龄都在七十以上，狄兼谟、卢贞二人年龄不到七十，但白居易看重其人品，也将他们纳入聚会之中，每天在龙门寺宴饮。当时人称香山九老。

建安七才子

【原文】

徐斡（wò）、陈琳、阮瑀、应玚（yáng）、刘桢、孔融、王粲（càn），皆好文章，号建安七才子。

【译文】

徐斡、陈琳、阮瑀、应玚、刘桢、孔融、王粲七人都喜欢写作文章，号称建安七才子。

四杰

【原文】

唐王勃、杨炯、卢照邻、骆宾王，皆以文章齐名天下，号为四杰。

【译文】

唐代的王勃、杨炯、卢照邻、骆宾王，因为文章出彩同时名扬天下，号称“四杰”。

昭勋阁二十四人

【原文】

宋理宗①宝庆二年，图功臣神像于昭勋阁，赵普、曹彬、薛居正、石熙载、潘美、李沆（hàng）、王旦、李继隆、王曾、吕夷简、曹玮、韩琦、曾公亮、富弼、司马光、韩忠彦、吕颐浩、赵鼎、韩世忠、张浚（jùn）、陈康伯、史浩、葛邲（bì）、赵汝愚，凡二十四人。

【注释】

①宋理宗：赵昀（1205—1264），南宋第五位皇帝。

【译文】

宋理宗宝庆二年，把已经过世的功臣的遗像画在昭勋阁上，有赵普、曹彬、薛居正、石熙载、潘美、李沆、王旦、李继隆、王曾、吕夷简、曹玮、韩琦、曾公亮、富弼、司马光、韩忠彦、吕颐浩、赵鼎、韩世忠、张浚、陈康伯、史浩、葛邲、赵汝愚，共有二十四人。

卷四 考古部

姓氏

【原文】

仓颉（jié），姓侯刚氏。许由，字武仲。尧，姓伊祁。少昊，名挚，字青阳。帝喾，名夋（qūn）。成汤，字高密。皋陶（gāo yáo），字庭坚。孤竹君，姓墨，名台。伯夷，名允，一名元，字公信。叔齐，名智，字公达。中子，名仲达。彭祖，姓籛（jiān），名铿（kēng）。其子胥馀（xū yú）。老子父，名乾，字元果。老子初生时，名玄禄。管叔，名度。易牙，名亚。逢蒙之弟，名鸿超。杨朱之弟，名布。伯乐，姓孙，名阳。师旷，字子野。君陈，为周公之子、伯禽之弟。《周书》有《君陈篇》。鬼谷子，姓王，名诩，河南府人。公孙弘，字次卿。杜康，字仲宁。孟轲，字子舆，又字子居。庄周字休。孙叔敖，名饶。计然，一名研，一名倪；又姓辛，字子文。文种，字子禽。陈仲子，字子终。

【译文】

仓颉，姓侯刚氏。许由，字武仲。尧，姓伊祁。少昊，名挚，字青阳。帝喾，名夋。成汤，字高密。皋陶，字庭坚。孤竹君，姓墨，名台。伯夷，名允，一名元，字公信。叔齐，名智，字公达。中子，名仲达。彭祖，姓籛，名铿。他的儿子是胥馀。老子的父亲，名乾，字元果。老子刚生下来时，名玄禄。管叔，名度。易牙，名亚。逢蒙的弟弟，名鸿超。杨朱的弟弟，名布。伯乐，姓孙，名阳。师旷，字子野。君陈，是周公的儿子、伯禽的弟弟。《周书》有《君陈篇》。鬼谷子，姓王，名诩，河南府人。公孙弘，字次卿。杜康，字仲宁。孟轲，字子舆，又字子居。庄周字休。孙叔敖，名饶。计然，一名研，一名倪；又姓辛，字子文。文种，字子禽。陈仲子，字子终。

辨疑

禹陵

【原文】

大禹东巡，崩于会稽。现存陵寝，岂有差讹①？且史载夏启封其少子无馀于会稽，号曰於越，以奉禹祀，则又确确可据。今杨升庵②争禹穴在四川，则荒诞极矣。升庵言石泉县之石纽村，石穴深杳，人迹不到，得石碑有“禹穴”二字，乃李白所书，取以为证。盖大禹生于四川，所言禹穴者，生禹之穴，非葬禹之穴也。此言可辨千古之疑。

【注释】

①差讹：错误，差错。

②杨升庵：杨慎（1488—1559），字用修，初号月溪、升庵，又号逸史氏、博南山人、洞天真逸、滇南戍史、金马碧鸡老兵等。四川新都（今成都市新都区）人，祖籍庐陵。明代著名文学家，明代三才子之首。

【译文】

大禹东巡至会稽驾崩。现在保存着他的陵墓，怎会有差错？而且历史有记载，夏启在会稽封大禹的小儿子无馀为“於越”，来供奉大禹的祀，这是确凿可信的。现在杨慎争论说大禹的陵墓在四川，这种说法十分荒谬。他说石泉县的石纽村，有一个深幽的石洞里有个石碑，上面有“禹穴”两个字，是李白写的，便以此为证。实际上，大禹生于四川，杨慎所说的“禹穴”，应该是生禹之穴，不是葬禹之穴。这句话可以分辨千古疑案。

共和

【原文】

幽王①既亡，有共伯和者摄②行天子事，非二相共和也。

【注释】

①幽王：周幽王姬宫湦（shēng）（前795—前771），西周第十二任君主，公元前781年至公元前771年在位。

②摄：代理。

【译文】

周幽王死了之后，有一个叫共伯和的人来代替天子行君王之事，并不是有两位宰相共同治理。

子产字子美

【原文】

子产①字子美，东坡《放鱼诗》："不怕校人欺子美。"注者疑是杜少陵②，则误矣。

【注释】

①子产：（？—前522），姬侨，姬姓，氏公孙，名侨，字子产，又字子美，号成子。出身于郑国贵族，春秋时期杰出的政治家、思想家。

②杜少陵：杜甫（712—770），字子美，汉族，本襄阳人，后徙河南巩县。自号少陵野老，唐代伟大的现实主义诗人。

【译文】

子产字子美，苏东坡《放鱼诗》有"不怕校人欺子美"的句子，注释的人怀疑这里指的是杜甫，这种想法显然是错误的。

蒙正住破窑

【原文】

吕蒙正①父龟图与母不合，并②蒙正逐之。贫甚，投迹龙门寺僧，凿山岩为龛③以居。今传奇谓同妻住破窑，殊为可笑。

【注释】

①吕蒙正：（944—1011），字圣功，河南洛阳人。北宋初年宰相。

②并：连着，一起。

③龛（kān）：小窟或小屋。

【译文】

吕蒙正的父亲吕龟图与其母亲合不来，便连同吕蒙正一起赶出家门。因为家里太穷，吕蒙正就去龙门寺当了和尚，在山岩上开凿了一个小洞来住。现在有说是吕蒙正和妻子一起住在山洞，非常可笑。

日落九乌

【原文】

乌最难射。一日而落九乌，言羿①之善射也。后以为羿射落九日，非是。

【注释】

①羿：后羿，上古时代的传说人物。

【译文】

乌鸦最难射杀的鸟类。一天之内射杀九只乌鸦，是说后羿擅长射箭术。后人理解为后羿射下了九个太阳，实际上并非如此。

汉寿

【原文】

在四川保宁府广元县。汉封关公①为汉寿亭侯。汉寿，邑名；亭侯，爵名。后人称“寿亭侯”者，误。

【注释】

①关公：关羽（？—220），本字长生，后改字云长，河东郡解县（今山西运城）人，东汉末年名将。

【译文】

汉寿在四川的保宁府广元县。汉代封关公为汉寿亭侯，“汉寿”，是一个地名；“亭侯”，指爵位。后人“寿亭侯”的说法是错误的。

五大夫松

【原文】

秦始皇登泰山，风雨暴至，避于松树之下，封其树为五大夫。五大夫，秦官第九爵。今人有误为五株松者，非也。

【译文】

秦始皇登上泰山的时候，突然遭遇大风雨，赶紧在一棵松树下躲避，后来便封这棵树为“五大夫”。“五大夫”，是秦朝官职的第九等爵位。现在人们认为“五大夫松”是五棵松树，这是错误的。

夏国

【原文】

扬州漕河东岸有墓表①，题曰“夏国公墓道”。“夏”音“虔”，与“夏”字相类，少一发笔，下作“又”。行人遂误为夏国公。盖明顾公玉之封号，赐地葬此也。

【注释】

①墓表：墓碑。因其竖于墓前或墓道内，表彰死者，所以称为墓表。

【译文】

扬州漕河东岸有一块墓碑，上面写着：“夏国公墓道。”“夏”字读为“虔”，字形与“夏”字很像，只是少一撇，下边是“又”，路人没有认清，便误以为是“夏国公”。实际上，这是明代顾玉先生的封号，朝廷赐了这块地来安葬他。

卷五 伦类部

君臣

在三之义

【原文】

晋武公①伐翼，杀哀侯，止栾子曰：“苟无死矣，吾令子为上卿。”辞曰：“成闻之：‘人生于三，事之如一。’父生之，师教之，君食②之。”

【注释】

①晋武公：（前754—前677），又称曲沃武公，姬姓，名称，春秋时期晋国国君。

②食：俸禄。

【译文】

晋武公讨伐翼国，杀了哀侯，并劝阻栾子说：“请不要自杀，我希望你能在我国做上卿。”栾子断然拒绝：“我听闻说：‘人生依靠者有三，但敬奉这三者要始终如一。’这三者就是生养我的父母，教导我的老师和给我俸禄养育我的君主。”

无忘射钩

【原文】

管仲①将兵遮莒（jǔ）道，射桓公，中带钩。后鲁桎梏②管仲送于齐。齐忘其仇以为相。谓桓公③曰：“愿君无忘射钩，臣无忘槛车④。”

【注释】

①管仲：（前723—前645），管氏，名夷吾，字仲，谥敬，春秋时期法家代表人物，被誉为“法家先驱”“圣人之师”“华夏文明的保护者”“华夏第一相”。

②桎梏（zhì gù）：中国古代的刑具，类似于现代的手铐、脚镣。引申为束缚、压制之意。

③桓公：齐桓公（？—前643），春秋五霸之首，公元前685年至公元前643年在位，春秋时齐国第十五位国君。

④槛车：囚车。

【译文】

管仲率兵挡住莒地的道路，在齐桓公回国的半路上，用箭射杀他，箭恰巧射在桓公的铜制衣带钩上。后来鲁国用囚车把管仲送给了齐国。齐桓公为齐国强盛着想，忘掉旧怨不计前嫌任他为相。管仲对齐桓公说："但愿您不要忘了射钩之事，而我也不能忘了囚车之事。"

前席

【原文】

贾谊①为长沙王傅，文帝②征之至。入见，上问鬼神之事，谊具道所以然。至夜半，文帝前席听之。

【注释】

①贾谊：（前200—前168），洛阳（今河南洛阳东）人，西汉初年著名政论家、文学家，世称贾生。

②文帝：汉文帝刘恒（前203—前157），汉高祖刘邦第四子，西汉第五位皇帝。

【译文】

贾谊当时是长沙王的师傅，汉文帝征召他入京。觐见时，文帝问他鬼神之事，贾谊详细地解释了一番。到了半夜，文帝向前移动坐席来听。

温树

【原文】

孔光①领尚书事，典②枢机③十馀年，守法度，修政事，不苟合。或问："温室省中树皆何木也？"光答以他语。其谨密如此。

【注释】

①孔光：（前65—5），字子夏，曲阜（今山东曲阜）人，西汉后期大臣，孔子的十四世孙。官至大将军、丞相、太傅、太师。

②典：主持，主管。

③枢机：指朝廷的重要职位或机构。

【译文】

西汉时期，孔光官至尚书，执掌国家中枢权力机构十几年，在职期间一直严守法度，治理政事也从不苟合。有人问："温室宫的官署里种的是什么树呢？"孔光用其他话来搪塞。他的谨慎与缜密已经到了如此地步。

下车过阙

【原文】

卫灵公[1]与夫人南子夜坐，闻车声辚辚，至阙[2]而止，过阙复有声。公问为谁，夫人曰："此必蘧伯玉也。妾闻礼下公门，式路马。伯玉，贤大夫也，敬于事上，必不以暗昧[4]废礼。"视之果然。

【注释】

①卫灵公：（前540—前493），姬姓，名元。春秋时期卫国第二十八代国君，公元前534年至公元前493年在位。

②阙（què）：京城，宫殿。

③蘧伯玉：蘧瑗（qú yuàn），字伯玉，谥成子。春秋时期卫国（现河南卫辉）大夫。封"先贤"。

④暗昧：昏暗，不清晰。

【译文】

卫灵公与夫人南子晚上坐着闲聊，听到有行车的声音，到了宫阙就停了，过了宫阙那行车声又有了。灵公问南子是谁，南子说："这一定是蘧伯玉。我听说依据礼法经过公家的门前时，要抚轼而过才能表示尊敬。蘧伯玉是贤良之人，又敬重主上，肯定不会因为是晚上就疏忽礼节的。"派人一看，果然是蘧伯玉。

御手调羹

【原文】

唐玄宗召李白至，见金銮殿，论当世事，奏颂一篇。帝赐食，亲手为调羹。

【译文】

唐玄宗召李白入宫，在金銮殿上召见他，谈论当世之事，进奏颂词一篇。玄宗赐给他食物，还亲自为他调和羹汤。

御手烧梨

【原文】

唐肃宗[1]常夜召颍（yǐng）王等二弟，同于地炉罽毯上坐。时李泌绝粒[3]，上自烧二梨，手擘[4]之以赐泌。颍王恃恩固求，上不与，曰："汝饱食肉，先生绝粒，何乃争耶？"

【注释】

①唐肃宗：李亨（711—762），初名李嗣升、李浚、李玙，唐朝第一个在京

师以外登基再进入长安的皇帝，至德元年至宝应元年在位。

②罽（jì）毯：毛毯。

③绝粒：道家以摒除火食、不进五谷求得延年益寿的修养术。

④擘（bāi）：掰开。

【译文】

唐肃宗常常晚上召见颍王等两个弟弟，和他们一起坐在火炉边的地毯上。当时李泌正在修炼辟谷的道法，玄宗亲自烧了两个梨，用手掰开赐给了李泌。颍王倚仗玄宗的恩宠也要一个梨，玄宗没有答应，说："你吃肉吃饱了，先生还未进一粒粮食，你为什么还要争呢？"

撤金莲炬

【原文】

苏轼[①]任翰林，宣仁高太后召见便殿曰："先帝每见卿奏疏，必曰：'奇才，奇才！'"因命坐赐茶，撤金莲宝炬送院。

【注释】

①苏轼：（1037—1101），字子瞻，又字和仲，号铁冠道人、东坡居士，世称苏东坡、苏仙，眉州眉山（今属四川省眉山市）人，祖籍河北栾城，北宋著名文学家、书法家、画家。

【译文】

苏轼担任翰林学士时，受到宣仁高太后的召见，太后在殿上对苏轼说："先帝每次见到你的奏疏，一定会称赞说：'奇才，奇才！'"所以赐坐并赐茶，还撤了宫中的金莲宝炬给苏轼照明，以此将苏轼送回翰林院。

登七宝座

【原文】

唐玄宗[①]于勤政殿，以七宝装成大座，召诸学士讲论古今，胜者升座。张九龄[②]论辩风生，首登此座。

【注释】

①唐玄宗：李隆基（685—762），生于洛阳，公元712年至公元756年在位。唐朝在位最久的皇帝，庙号“玄宗”。

②张九龄：（678—740），字子寿，一名博物，谥文献，唐朝韶州曲江（今广东省韶关市）人，世称“张曲江”或“文献公”。唐朝开元年间名相，诗人。

【译文】

唐玄宗在勤政殿内用七种宝物做成一个大座，然后召诸位学士前来大殿谈古论今，最后胜出的人便可以坐上宝座。张九龄论辩风生，是第一个登上这个宝座的。

昼寝加袍

【原文】

韦绶[①]在翰林，德宗[②]常至其院，韦妃从幸[③]。会绶方寝，学士郑絪[④]欲驰告之，帝不许。时适大寒，帝以妃蜀锦袍覆之而去。

【注释】

①韦绶：字子章，京兆人，曾任工部员外，谏议大夫。

②德宗：唐德宗李适（kuò）（742—805），唐朝第九位皇帝，公元779年至公元805年在位。

③幸：指封建帝王到达某地。

④郑絪（yīn）：（752—829），字文明，荥阳人，唐德宗时的宰相。

【译文】

韦绶在翰林院当值的时候，唐德宗常去那里，有一次韦妃也跟德宗一起去了。正巧，那时候韦绶正在午休，学士郑絪本打算立刻去叫醒韦绶，德宗不让。那时正是天气非常寒冷的时候，德宗用韦妃的蜀锦袍盖在韦绶身上然后离开了。

金箸表直

【原文】

唐开元时，宋璟[①]为相，朝野[②]归心。时侍御宴，帝以所用金箸[③]赐之，曰：

"非赐汝箸，以表卿直也。"

【注释】

①宋璟：(663—737)，邢州南和（今河北邢台市南和县阎里乡宋台）人，唐朝名相。

②朝野：朝廷与民间。

③箸：筷子。

【译文】

唐代开元年间，宋璟为宰相，臣子与百姓都诚心归附。有次侍奉唐玄宗进膳，玄宗将自己的金筷子赏赐给了宋璟，说："并不是真的赐给你金筷子，而是要嘉奖你正直的品质。"

药石报之

【原文】

唐太宗时，中书高季辅①上封事，特赐钟乳一剂，曰："卿进药石之言，故以药石报之。"

【注释】

①高季辅：(596—654)，名冯，字季辅，以字行，德州蓨（tiáo）县（今河北景县）人，唐朝宰相。

【译文】

唐太宗时，中书高季辅向太宗进言陈事，太宗赐给他一剂钟乳，说："爱卿进谏的是像药石一样有疗效的忠言，因此我也用药石回报你。"

世执贞节

【原文】

于忠①迁散骑常侍，尝因侍宴，宣武②赐之剑杖，举酒属忠曰："卿世执贞节，故恒以禁卫相委。昔以卿行忠，赐名曰忠。今以卿才堪御侮③，以所御剑杖相锡④。"

【注释】

①于忠：(460—516)，曾赐名于登，字思贤，本字千年，鲜卑族，代郡人，南北朝时期北魏官员，官至尚书令、侍中。

②宣武：北魏宣武帝元恪（483—515），南北朝时期北魏第八位皇帝，公元499年至公元515年在位。

③ 御侮：抵抗外来欺侮。

④锡：赏赐。

【译文】

于忠官至散骑常侍，曾经侍奉皇帝进膳时，得到宣武帝赏赐的宝剑和权杖，宣武帝举起酒递给于忠说："你素来秉执坚贞的节操，所以我一直将你放在禁卫的重要职位上。之前因为你的忠贞，给你赐名'忠'。现在以你的才能可以抵御外侮，所以现在将我的宝剑与权杖赐予你。"

夫妇

举案齐眉

【原文】

梁鸿至吴，依皋伯通庑[1]下，为人赁舂[2]。妻孟光具食，举案齐眉[3]。伯通异之，曰："彼佣能使其妻敬之如此，非凡人也。"以礼遇之。

【注释】

①庑（wǔ）：泛指房屋。

②赁舂（lìn chōng）：受雇为人舂米。

③举案齐眉：送饭时把托盘举得跟眉毛一样高。后形容夫妻互相尊敬。

【译文】

梁鸿到了吴地，一家人住在大族皋伯通家宅的廊下小屋中，靠给人舂米过活。每天归家时，他的妻子孟光准备食物，每次都把食案举到与眉毛一样高来献给丈夫。皋伯通觉得很惊异，说："这个人能够每日让妻子这样尊敬他，一定不是一般人。"于是开始对他以礼相待。

归遗细君

【原文】

东方朔[1]割肉怀归[2]，武帝问之，曰："归遗[3]细君[4]。"

【注释】

①东方朔：（前154—前93），本姓张，字曼倩，西汉平原郡厌次县（今山东省德州市陵城区）人。西汉时期著名的文学家。

②归：回家。

③遗：给予。

④细君：妻子。

【译文】

东方朔把朝廷赐的肉揣到怀里，准备回家，汉武帝很是诧异，问他原因，他说："拿回家给夫人。"

糟糠

【原文】

光武[①]姊湖阳公主新寡，欲下嫁宋弘[②]。帝语弘曰："贵易交，富易妻，人情乎？"弘对曰："贫贱之交不可忘，糟糠之妻[③]不下堂。"帝顾主曰："事不谐[④]矣。"

【注释】

①光武：汉世祖光武皇帝刘秀（前5—57），字文叔，南阳郡蔡阳（今湖北省襄阳市枣阳市）人，中国东汉帝国的建立者，庙号世祖，谥号光武皇帝。

②宋弘：（？—40），字仲子，京兆长安（今陕西西安）人，东汉初年大臣。

③糟糠之妻：糟糠是穷人用来充饥的酒渣、米糠等粗劣食物。借指共过患难的妻子。

④谐：办妥，办成功。

【译文】

光武帝的姐姐湖阳公主新寡，想下嫁给宋弘。光武帝对宋弘说："地位尊贵了就想换朋友，富贵了就想换妻子，这是正确的做法吗？"宋弘回答说：

"贫贱时的朋友不能忘记，共患难的妻子不能抛弃。"光武帝对湖阳公主说："你这桩婚事办不成。"

断机

【原文】

乐羊子游学，未三月而归，其妻引刀断机①，曰："君子寻师，中道而归，何异断斯织乎？"羊子乃发愤卒业。

【注释】

①断机：断织。

【译文】

乐羊子外出游学，还不到三个月就回来了，妻子知道后，用刀割断了正在织的布，说："你寻师求学，半路回来，与这被中间割断的布有什么区别呢？"乐羊子听了很羞愧，于是便发奋读书直到完成学业。

二乔

【原文】

周瑜①从孙策②攻皖，得乔公两女，皆有殊色③。策自纳大乔，瑜纳小乔。策谓瑜曰："乔公二女虽流离，得吾二人为婿，亦足为欢。"

【注释】

①周瑜：（175—210），字公瑾，东汉末年名将，安徽庐江舒县人。

②孙策：（175—200），字伯符，吴郡富春（今浙江富阳）人。东汉末年割据江东一带的军阀，汉末群雄之一。

③殊色：非常美丽的女子。

【译文】

周瑜与孙策夺取皖地后，得到了乔公两个美丽的女儿，大乔和小乔。孙策自己娶了大乔，周瑜娶了小乔。孙策对周瑜说："乔公的两个女儿虽然因为战乱饱受颠沛流离之苦，但是能够得到我们二人为夫婿，也算得上高兴的事了。"

有兄之风

【原文】

孙权①妹，刘先主②初在荆州，孙权以妹妻之。妹才捷刚猛，有诸兄之风，侍婢百馀人，皆执刀侍立。先主每入，心常凛凛③。

【注释】

①孙权：吴太祖大皇帝孙权（182—252），字仲谋，吴郡富春（今浙江杭州富阳区）人。三国时代东吴的建立者。

②刘先主：刘备（161—223），字玄德，东汉末年幽州涿郡涿县（今河北省涿州市）人，三国时期蜀汉开国皇帝、政治家，史家又称他为先主。

③凛凛：严整而令人敬重、害怕的样子。

【译文】

孙权有一个妹妹，刘备最初在荆州的时候，孙权将自己的妹妹嫁给了刘备。这位妹妹才思敏捷，刚毅勇猛，而且颇具几位兄长的风范。侍奉的丫鬟有一百多人，全都持剑而立。刘备每次进来，心里都有些害怕。

妇有四德

【原文】

许允[①]妇貌丑，允曰："妇有四德，卿有几德？"妇曰："妾之所不足者色[②]耳。士有百行，卿有几行？"允曰："皆备。"妇曰："君好德不如好色，何谓皆备？"允大惭，礼之终身。

【注释】

①许允：（？—254），字士宗，高阳（今河北高阳）人。三国时期曹魏官员、名士。

②色：妇女的容貌。

【译文】

许允的妻子相貌丑陋，许允对妻子说："女子应有德、言、容、功四德，你有几种德行？"妻子说："我所没有的只有容貌一种。士人应当有百种好的品行，你有几种？"许允说："我都有。"妻子说："你看重德行，但是更看重容貌，怎么能说都有呢？"许允十分惭愧，以后便对妻子终身礼敬。

执巾栉

【原文】

《左传》：晋太子圉[①]质于秦，秦妻之。将逃归，嬴氏曰："寡君使婢子执巾栉，以固子也。纵子私归，弃君命也，不敢从。"

【注释】

①太子圉（yǔ）：指晋怀公（前655—前636），晋国君主，姓姬名圉。早年

在秦国做人质，后其父亲晋惠公逝世，太子圉做了君主。

②执巾栉（zhì）：古时为人妻妾的谦辞。

【译文】

《左传》记载：晋国太子圉在秦国当人质，秦王将一个女儿嫁给了他。后来，太子圉要私逃归国，妻子嬴氏说："我们国君让我来侍奉你洗漱，是为了让你安心待在秦国。若是我私自放你回国，那就是违背君命，我不敢听从。"

父子

添丁

【原文】

唐卢仝[1]生子，名添丁。宋贾耘老，子亦名添丁。耘老生子之妾，名双荷叶。

【注释】

①卢仝（tóng）：（795—835），祖籍范阳（今河北省涿州市）。唐代诗人。

【译文】

唐代卢仝生了儿子，取名为"添丁"。宋代贾耘老也给儿子起名为"添丁"。给贾耘老生儿子的妾名叫"双荷叶"。

汤饼会

【原文】

生子三朝宴客，曰汤饼会。刘禹锡[1]《送张盥》诗："尔生始悬弧[2]，我作座上宾。引箸举汤饼，祝词生麒麟[3]。"

【注释】

①刘禹锡：（772—842），字梦得，河南洛阳人，唐朝文学家、哲学家，有"诗豪"之称。

②悬弧：古代风俗尚武，家中生男，则于门左挂弓一张，后因称生男为"悬弧"。

③麒麟：比喻才能杰出的人。

【译文】

古时有习俗，生了儿子后的第三天应当宴请亲朋好友，这叫作汤饼会。刘禹锡《送张盥》诗说："你刚刚出生时，我便是座上之宾。拿着筷子吃汤饼，说着祝贺词'恭喜，喜得麒麟'。"

拿周

【原文】

曹彬始生周岁，父母罗百玩之具，名曰晬（cuì）盘，观其所取以见志。彬左手提戈①，右手取印②，后果为大将封王。

【注释】

①戈：古代的一种兵器。

②印：官印。

【译文】

曹彬一周岁的时候，父母给他摆了上百种玩具，名叫"晬盘"，看孩子拿什么便意味着在哪方面有志向。只见曹彬左手拿戈矛，右手拿官印，后来果然成为大将军并被封王。

父子四元

【原文】

伦文叙①弘治己未会元②，三子以谅、以训、以诜（shēn）皆成进士。以谅乡试第一，以训会试第一，以诜殿试第二。父子居四元，为科名盛事。

【注释】

①伦文叙：（1467—1513），字伯畴，号迂冈。明朝南海县黎涌（今广东省佛山市禅城区黎涌村）人。

②会元：科举时代举人会试的第一名。

【译文】

弘治己未年，伦文叙中了状元，他的三个儿子伦以谅、伦以训、伦以诜都中了进士。伦以谅是乡试第一，伦以训是会试第一，伦以诜是殿试第二。父子四人占了四个状元，这算是科举上的大事了。

三迁

【原文】

孟子①少时，居近墓，乃好为墓间之事。孟母曰："此非所以教吾子也。"乃去。居市廛②，孟子又好为贸易之事。母曰："此非所以教吾子也。"复去。居学宫之傍，孟子乃设俎豆③，揖让进退。孟母曰："此可以教吾子矣。"遂居之。

【注释】

①孟子：（前372—前289），姬姓，孟氏，名轲，字子舆，战国时期邹城（今山东邹城市）人。伟大的思想家、教育家，儒家学派的代表人物，与孔子并称"孔孟"。

②市廛（chán）：市中店铺。

③俎豆：俎和豆，古代祭祀、宴会时盛肉类等食品的两种器皿。

【译文】

孟子小的时候，住在靠近坟墓的地方，于是就喜欢打听效仿关于丧葬的事。孟母说："这不是可以教育我儿子的地方。"于是搬到了集市边，但是孟子又开始喜欢贸易之事。孟母说："这也不是可以来教育我儿子的地方。"于是又搬家了。这次搬到了学校附近，孟子于是开始放置俎、豆之类的礼器，学习祭祀之礼数。孟母说："这才是能教育好我儿子的地方。"从此，便在这里常住。

为母杀鸡

【原文】

后汉茅容①，郭林宗②访之，留宿。旦日，容杀鸡为馔③，林宗以为己设，已而，供奉其母。林宗拜之，曰："卿贤乎哉！"因劝之学，以成其德。

【注释】

①茅容：字季伟，陈留郡（今河南开封）人。东汉时期名士。

②郭林宗：郭泰（128—169），字林宗。太原郡介休县（今属山西）人。东汉时期名士。

③馔（zhuàn）：陈设饮食。

【译文】

茅容是东汉时期的人。有次，郭林宗来拜访他，在他这儿留宿了一夜。第二天早上，郭林宗看见茅容正在杀鸡做饭，以为是为了招待自己，结果茅容将做好的饭菜盛给母亲。郭林宗看到后，心中敬佩，拜服说："你真是贤良的人啊！"所以劝他学习，以成全他的德行。

自伤未遇

【原文】

晋赵至[1]年十二，与母道旁看令上任。母曰："汝后能如此不？"至曰："可尔耳。"早闻父耕叱牛声，释书而泣。师问之，曰："自伤未遇[2]，而使老父不免勤苦。"

【注释】

①赵至：（249—289），字景真，后改名浚，字允元，代郡人，寓居在洛阳。

②遇：际遇，机会。

【译文】

晋朝的赵至十二岁的时候，和母亲一起在路边看县官上任。母亲问："你以后能做上这样的县令吗？"赵至说："可以。"早上，他听到父亲在田间耕地吆喝牛的声音，就忍不住哭起来。老师问他原因，他说："都是因为我还没有入仕的机会，才会让老父亲这样一直遭受劳役之苦。"

风木之悲

【原文】

春秋皋鱼宦游[1]列国，归而亲故，泣曰："树欲静而风不息，子欲养而亲不在！"遂自刎死。

【注释】

①宦游：为求官而出游。

②息：停止，歇。

【译文】

春秋时期，皋鱼为谋求官职而周游列国，等他回家时发现父母双亲已经不在了。他哭着说："树想停止摇摆而风却不停息，我想赡养我的双亲可是他们已经不在了！"于是便自刎而死。

兄弟

难兄难弟

【原文】

陈元方子群，陈季方子忠，各论其父功德，争之不能决，咨于太丘①，太丘曰："元方难为兄，季方难为弟。"

【注释】

①太丘：陈寔（shí）（104—187），字仲弓，颍川许（今河南许昌长葛市古桥乡陈故村）人。东汉时期官员、名士。

【译文】

陈元方和陈季方是兄弟俩，他们俩的儿子陈群和陈忠在为谁的父亲更有功德而争论不下，便去问爷爷陈寔，陈寔说："元方卓尔不群，没人能做得了他的哥哥；季方俊异出众，没人能做他的弟弟。"

手足

【原文】

袁绍①二子谭、尚，父死争立，治兵相攻。王修②谓曰："兄弟者，手足也。人将斗，而断其右臂，曰我必胜可乎？"二子不从，为曹操③所灭。

【注释】

①袁绍：（？—202），字本初，汝南汝阳（今河南省周口市商水县袁老乡袁老村）人。东汉末年军阀，汉末群雄之一。

②王修：生卒年不详，字叔治，北海郡营陵人。

③曹操：（155—220），字孟德，一名吉利，小字阿瞒，沛国谯（qiáo）县（今安徽亳州）人。东汉末年杰出的政治家、军事家、文学家、书法家。

【译文】

袁谭、袁尚是袁绍的两个儿子。袁绍死后，兄弟二人为继承父位争得你死我活。王修劝说他们："兄弟就像手足一样。人在争斗中，若是断掉他的右臂，他还可能胜利吗？"两个儿子没有听从劝告，最后全死于曹操手下。

折矢

【原文】

吐谷浑[①]阿柴有子二十人。疾革[②]，令诸子各献一箭，取一箭授其弟慕利延，使折之，利延折之。取十九箭使折之，利延不能折。乃叹曰："孤则易折，众则难摧。若曹[③]识之！"

【注释】

①吐谷（yù）浑：亦称吐浑，中国古代西北民族及其所建国名。

②疾革：病情危急。

③若曹：你们。

【译文】

吐谷浑国王阿柴生了二十个儿子。在他病逝前，他命儿子们都各自献上一支箭来，共二十支箭。他拿出一支给了其中一个小儿子慕利延，让他折断，慕利延便把它折断了。又给了他剩下的十九支箭，再让他折断，慕利延无法折断了。阿柴长叹说："一支箭容易折断，但很多支合在一起就难以折断了。你们要记住啊！"

尺布斗粟

【原文】

淮南厉王与汉文帝[①]兄弟，徙[②]蜀道死。民谣曰："一尺布，尚可缝。一斗粟，尚可舂[③]。兄弟二人不相容。"

【注释】

①汉文帝：刘恒（前203—前157），西汉第五位皇帝。

②徙：古代称流放的刑罚。

③舂（chōng）：把东西放在石臼或乳钵里捣掉皮壳或捣碎。

【译文】

汉文帝的兄弟淮南厉王刘长在被流放去蜀地的路上死了。民谣说："一尺布，尚可缝。一斗粟，尚可舂。兄弟二人不相容。"

皆有文名

【原文】

罗愿兄颢（hào）、籲（yù）、颉（jié）、颂，弟颒（huì），皆有文名，朱熹特称之。

【译文】

罗愿的兄长罗颢、罗顧、罗颉、罗颂，还有弟弟罗頫，都很有文名，朱熹对他们称赞有加。

龙虎狗

【原文】

诸葛瑾①仕②吴，弟亮③仕蜀，弟诞④仕魏。时谓蜀得龙，吴得虎，魏得狗。

【注释】

①诸葛瑾：（174—241），字子瑜，琅邪阳都（今山东沂南）人。三国时期吴国重臣。

②仕：做官。

③亮：诸葛亮（181—234），字孔明，号卧龙，三国时期蜀汉丞相，杰出的政治家、军事家、外交家、散文家、书法家、发明家、文学家。

④诞：诸葛诞（？—258），字公休，三国时期魏国将领。

【译文】

诸葛瑾在吴国做官，他的弟弟诸葛亮在蜀国任职，小弟诸葛诞在魏国效忠。当时的人就说，蜀国得到了龙，吴国得到了虎，魏国得到了狗。

一母所生

【原文】

吴思达兄弟六人，先以父命析居①。及父卒，泣告其母曰："吾兄弟别处十馀年，今多破产。一母所生，忍使苦乐不均耶？"复共居。

【注释】

①析居：分开住，分家。

【译文】

吴思达弟兄六人，遵照父亲的嘱托分家。等他们的父亲去世后，他对母亲哭诉："我们兄弟分家已经十几年了，现在大多破产了，都是一母同胞的兄弟，怎么能忍心看着他们贫富不均呢？"于是又重新合为一家。

相煎太急

【原文】

曹丕①欲杀其弟植②，植赋诗曰："煮豆燃豆萁，豆在釜中泣，本是同根生，相煎何太急！"

【注释】

①曹丕：（187—226），字子桓，豫州沛国谯（今安徽省亳州市）人。三国时期著名的政治家、文学家，曹魏开国皇帝，公元220年至公元226年在位。

②植：曹植（192—232），字子建，沛国谯（今安徽省亳州市）人。三国曹魏著名文学家，建安文学代表人物。

【译文】

曹丕想杀了弟弟曹植，曹植写诗说："煮豆燃豆萁，豆在釜中泣，本是同根生，相煎何太急！"

姊妹

聂政姊

【原文】

聂政①刺韩相侠累②，因自皮面抉③目，自屠出肠。韩人暴尸购其名。其姊往哭之曰："是轵（zhǐ）深井里聂政也。以妾在故，自刑以绝其迹。妾敢畏死以泯④贤弟之名！"遂死于政尸之旁。

【注释】

①聂政：（？—前397），战国时侠客，韩国轵（今济源东南）人，以任侠著称，为春秋战国四大刺客之一。

②侠累：（？—前374），又称韩傀，战国时期韩国卿相。

③抉：剔出。

④泯：消灭，丧失。

【译文】

聂政刺杀了韩国卿相侠累，为了不让他人认出自己，便把自己的脸划破，挖出双眼，掏出肠子。韩国的人便将他的尸体悬赏示众，以求有人认领。后来，他的姐姐认出了弟弟，跑到尸体旁边哭着说："这是轵深井村的聂政啊！因为不想牵连我这个姐姐才自己毁了容貌。我怎么可以因为怕死而泯灭我弟弟的贤名呢！"于是，便在弟弟身边自杀了。

李勣姊

【原文】

唐李勣①性友爱，其姊病，尝自为粥，而燎②其须。姊戒止之。答曰："姊且疾，而且老，虽欲进粥，尚几何？”

【注释】

①李勣：（594—669），原名徐世勣，字懋（mào）功，曹州离狐（今山东东明县）人，唐朝初期名将。

②燎：挨近火而烧焦。

【译文】

唐代的李勣是个友爱的人。有一次，他的姐姐生病了，他亲自为姐姐煮粥，不小心烧到自己的胡须。姐姐看到后，让他以后不要这样了。他说：“姐姐病了，而且年龄也大了，我还有多少次能为姐姐煮粥的机会呢？”

班超妹

【原文】

汉曹寿妻曹大家①，闻超②在绝域，妹为上书，乃征超还。

【注释】

①曹大家：班昭（45—117），又名姬，字惠班，扶风安陵（今陕西咸阳东北）人。东汉女史学家、文学家，号曰“大家”，班超的妹妹。

②超：班超（32—102），字仲升，扶风郡平陵县（今陕西咸阳东北）人。东汉时期著名军事家、外交家。

【译文】

曹大家是汉代曹寿的妻子，她听到哥哥班超在西域无法回来的消息，作为妹妹便上书给朝廷，于是才征召班超回国。

宋太祖姊

【原文】

赵匡胤①将北征，闻军中欲立点检为天子，走告家人。太祖姊方在厨，引面杖逐之，曰：“丈夫临大事，可否当自决。乃来恐吓妇女耶？”太祖即趋出。

【注释】

①赵匡胤：（927—976），字元朗，小名香孩儿、赵九重。祖籍涿郡（今河北省涿州市），生于洛阳夹马营。五代至北宋初年军事家、武术家，宋朝开国皇帝，庙号太祖。

【译文】

赵匡胤即将北征，忽听闻军中有人欲立自己为天子，忙跑回去告诉家人。在厨房的姐姐听到后，拿着擀面杖把赵匡胤赶了出去，说：“大丈夫做事，行与不行应当自己决定。跑来吓妇女算什么？”赵匡胤立刻跑了出去。

姚广孝姊

【原文】

姚广孝①以靖难功，封荣国公，谒其姊姚媭（xū）。姚媭阖门②麾出之，曰：“做和尚不了，岂是好人？”终拒不见。

【注释】

①姚广孝：（1335—1418），幼名天僖，法名道衍，字斯道，又字独闇（àn），号独庵老人、逃虚子。长洲（今江苏苏州）人。明朝政治家、佛学家。

②阖门：关门。

【译文】

姚广孝因平定叛乱立下大功，被封为荣国公，他去拜见姐姐姚媭时，姚媭立马把他赶了出去关上门，说：“做和尚都做不到头，怎会是好人？”一直不见姚广孝。

季宗妹

【原文】

季儿者，季宗之妹，任延寿之妻也。延寿怨季宗而阴①杀之。赦免。季儿振衣②求去。延寿曰：“汝其杀我！”季儿曰：“杀夫不义，事兄之仇亦不义。与子同枕席，而杀吾兄，又纵兄之仇，何面目戴天履地③乎？”乃告女曰：“吾义不可留，又无所往。汝善视两弟！”遂自经④。

【注释】

①阴：暗中。

②振衣：抖衣去尘，整衣。

③戴天履地：头顶着天，脚踩着地。形容人活在天地之间。

④自经：上吊自杀。

【译文】

季宗的妹妹季儿嫁给了任延寿。任延寿因怨恨季宗暗杀了他，但被赦免了罪刑。季儿整理自己的衣物要求离开。任延寿说：“你杀了我吧！”季儿说：“杀死自己的丈夫是不义，侍奉自己兄长的仇人也是不义。我与你同床共枕，而你却杀了我的兄长，我还有什么脸面活在这世上呢？”接着她对女儿说：“我断然是不能留下的，而又没有地方可去，你要好好照看你的两个弟弟。”然后便自杀了。

师徒先辈

北面

【原文】

唐崔日用[①]请武甄[②]言《春秋》疑义，甄条举无留语。日用曰："吾请北面[③]。"

【注释】

①崔日用：唐朝人，滑州灵昌人。

②武甄：字平一，唐代人，生年不详，卒于唐玄宗开元末。

③北面：弟子行敬师之礼。

【译文】

唐代有一个叫崔日用的人，请武甄为他解说《春秋》中有疑义的地方，武甄毫无保留地将自己所知全讲给他听。崔日用说："请允许我拜您为师。"

负笈

【原文】

汉苏章[①]负笈[②]寻师，不远千里。

【注释】

①苏章：字儒文，东汉扶风平陵（今属陕西咸阳西北）人。

②笈（jí）：书箱。

【译文】

汉代的苏章背着书箱不远千里奔走，只为找到一位明师。

立雪

【原文】

游酢[①]、杨时为伊川先生弟子。一日，侍先生侧，先生隐几而卧。二生不敢去，候其寤[②]，则门外雪深尺馀矣。

【注释】

①游酢（zuò）：（1053—1123），字定夫，建州建阳人。

②寤（wù）：睡醒。

【译文】

游酢、杨时是伊川先生程颐的弟子。一天，他们站在老师身边侍奉，老师靠着桌子睡着了，他们二人不敢离去，一直等到老师醒来，此时门外的积雪已经有一尺多厚了。

坐春风中

【原文】

朱公掞，名光庭，见明道先生于汝州。归语人曰："光庭在春风中坐了一月。"

【译文】

朱公掞，名光庭，在汝州拜见了明道先生程颢。回来后对人说："我在春风中坐了一月。"

舌耕

【原文】

汉贾逵①通经，来学者不远千里，广有赠献，积粟盈仓。或云："逵非力耕，乃舌耕也。"

【注释】

①贾逵：（174—228），字梁道，本名衢，河东襄陵人（今山西临汾东南）。汉末三国时期名臣。

【译文】

汉代的贾逵精通经书，很多人不远千里来向他学习，他因此受到很多馈赠，积攒的粟米把仓库都装满了。有人说："贾逵耕地不用力气，而是用舌头。"

青出于蓝

【原文】

《荀子》：学不可已。青出于蓝，而青于蓝；冰出于水，而寒于水。

【译文】

《荀子》说：学习不可以停止。青色出于靛蓝，但却比靛蓝更青；冰是水凝结的，但却比水更寒冷。

师何常

【原文】

《北史》：李谧①初师事孔璠，后璠还就谧请业。同门生语曰："青成蓝，蓝谢青。师何常？在明经。"

【注释】

①李谧：字永和，赵涿人，南北朝时期的逸士，著有《明堂制度论》。

【译文】

《北史》记载：李谧先是拜孔璠为师，后孔璠又向李谧请教学业。同门学生说："青变成了蓝，蓝又不如青。老师为什么不固定？原因就在明经。"

一字师

【原文】

张詠诗云："独恨太平无一事，江南闲杀老尚书。"萧楚才曰："恨字未妥，宜改幸字。"詠曰："子，吾一字师也。"

【译文】

张詠有诗说："独恨太平无一事，江南闲杀老尚书。"萧楚才说："'恨'字不妥，改为'幸'更合适。"张詠说："你可真是我的一字之师啊。"

朋友

莫逆

【原文】

子祀、子舆、子犁、子来四人相与语曰："孰知死生存亡之一体，吾与之友矣。"四人相视而笑，莫逆①于心，相与为友。

【注释】

①莫逆：指两人意气相投，交往密切友好。

【译文】

子祀、子舆、子犁、子来四人互相说："谁若知道死生存亡原为一体，那我就与他作朋友。"四个人相视而笑，志同道合，互相成为好朋友。

倾盖

【原文】

孔子之郯（tán），遭程子于途，倾盖①而语终日，甚相浃洽②，顾谓子路曰："取束帛以赠先生。"

【注释】

①倾盖：途中相遇，停车交谈，双方车盖往一起倾斜，形容一见如故或偶

然的接触。

②浃洽（jiā qià）：和谐，融洽。

【译文】

孔子在去往郑国的路上遇到程子，停车交谈，二人车上的伞盖靠在一起，谈得非常融洽，孔子回头对子路说："取一捆布赠给先生。"

刎颈交

【原文】

陈馀年少，父事张耳，两人相与为刎颈之交①，后乃有隙。

【注释】

①刎颈之交：刎颈，割脖子；交，交情，友谊。比喻可以同生死、共患难的朋友。

【译文】

陈馀年轻时，将张耳当作父亲一样侍奉，两人成为即使为对方砍头也在所不惜的朋友，但是后来却产生了嫌隙。

管鲍分金

【原文】

管仲①与鲍叔②相友善。仲曰："吾困时，尝与鲍叔贾，分财则吾多自与，鲍叔不以我为贪，知我贫也。生我者父母，知我者鲍叔也。"

【注释】

①管仲：（前 723—前 645），姬姓，管氏，名夷吾，字仲，谥敬，春秋时期法家代表人物，颍上人（今安徽颍上），中国古代著名的经济学家、哲学家、政治家、军事家。

②鲍叔：（前 723—前 644），姒姓，鲍氏，名叔牙。颍上人，春秋时期齐国大夫。

【译文】

管仲和鲍叔牙关系非常好。管仲说："我贫困之时，曾与鲍叔牙一起做生意，分钱时我会多分自己一点，鲍叔牙不认为我贪心，因为他理解我的贫困。生养我的是父母，理解我的是鲍叔牙。"

绝交恶声

【原文】

燕乐毅书："古之君子，交绝不出恶声；忠臣去国，不洁其名。"

【译文】

燕国乐毅给国君上书说："古时，君子绝交，不会说对方坏话；忠臣离开自己的国家，也不会标榜自己多么高洁。"

五交

【原文】

刘孝标《广绝交论》，谓势交、论交、穷交、量交、贿交，此五交皆不能恤贫，故绝之也。

【译文】

刘孝标的《广绝交论》记载，因对方势力而进行的交往、因对方名望而进行的交往、不得志时互相利用而进行的交往、考虑自己是否能得益的交往、因贪图财富而进行的交往，这五种交往都不应进行。

负荆请罪

【原文】

蔺相如①为赵上卿，位在廉颇②右。颇曰："我见相如，必辱之。"相如望见颇，引车避之。左右以为耻。曰："强秦不敢加兵于赵者，以吾两人耳。今两虎相斗，势不俱生。吾先国家之急而后私仇。"颇闻之，肉袒负荆，至门谢罪。

【注释】

①蔺相如：生卒年不详，战国时赵国上卿，著名的政治家、外交家。

②廉颇：（前305—前230），嬴姓，廉氏，名颇，战国末期赵国名将。

【译文】

蔺相如当时是赵国上卿，地位在廉颇之上。廉颇有些嫉妒，说："我见到蔺相如，一定要当面侮辱他。"蔺相如远远地看到廉颇正向这边过来，就吩咐下人给廉颇让路。手下人都觉得很耻辱。蔺相如说："秦国现在势力很强大，之所以不敢对赵国用兵，是因为赵国有我们两个人。如果两只老虎窝里斗，肯定不能全存活。应当先念及国家的安危，再考虑个人荣辱才是。"廉颇听到了这番话，知道自己错了，便脱光上衣背负着荆条，到蔺相如门前谢罪。

卷六 选举部

制科

宾兴

【原文】

《周礼·地官·大司徒》：以乡三物教万民而宾兴[1]之。一曰六德：智、仁、圣、义、忠、和；二曰六行：孝、友、睦、姻、任、恤：三曰六艺：礼、乐、射、御、书、数。

【注释】

①宾兴：周代举贤之法。

【译文】

《周礼·地官·大司徒》记载：用乡中三类事物教化万民以荐举贤能，并用宾客的礼节来礼敬他。第一类是六德，即智、仁、圣、义、忠、和；第二类是六行，即孝、友、睦、姻、任、恤；第三类是六艺，即礼、乐、射、御、书、数。

槐花黄

【原文】

科举年，举子至八月皆赴科场。时人语曰："槐花黄，举子忙。"

【译文】

进行科举的那一年，考生们八月份都要从全国各地赶赴考场。当时有俗语说："槐花黄，举子忙。"

棘围

【原文】

《通典》：礼部阅试之日，严设兵卫，棘围之，以防假滥[1]。五代和凝[2]知贡举时，进士喜为喧哗以动主司。放榜则围之以棘，闭省门[3]，绝人出入。凝撤棘围，开省门，而士肃然无哗。所取皆一时英彦，称为得人。

【注释】

①滥：不加选择，不加节制。

②和凝：（898—955），字成绩，郓（yùn）州须昌（今山东东平）人，五代时文学家、法医学家。

③省门：礼部衙门，亦指礼部试进士的场所。

【译文】

《通典》记载：在科举考试那天，主持考试的礼部会严密设防，用棘刺包围考场，以防止有人假冒或随意进出。五代的和凝在主持科举考试时，总会有进士们高声喧哗吸引主考官的注意。公布中榜名单时也要用棘围起来，关闭官府的大门，禁止人员出入。和凝决定撤掉棘围，打开官府大门，进士们没有人敢大声喧哗了。当年中榜的人皆是有才能的人，被称为“得人”。

乡贡进士

【原文】

《唐·选举志》：唐制取士之科，多因隋旧。其大略有二：由学校曰生徒，由州县曰乡贡，皆升于有司而进退之；其科目，有秀才，有明经，有进士。

【译文】

《新唐书·选举志》记载：唐代时，为国家选拔官员的科目，大多数人都希望沿袭隋朝旧例。这种制度大致有两点：由学校推荐的叫作生徒，由州县推荐的叫作乡贡，都由主管部门来决定人才的取用；考试科目，有秀才，有明经，有进士。

正奏特奏

【原文】

科甲为正奏，恩贡为特奏。

【译文】

通过科举考上的叫正奏，通过国家庆典之类特设的贡士称为特奏。

金榜题名

【原文】

崔实暴卒复生，见冥司[1]列榜，将相金榜，其次银榜，州县小官并是铁榜。今人得第，谓之金榜题名。

【注释】

①冥司：阴间。

【译文】

崔实突然死亡又复活，他说看到了阴间在列榜，将相是金榜，其次是银榜，州县小官是铁榜。所以，现在有人中第，就称为“金榜题名”。

银袍鹄立

【原文】

隋唐间试举人，皆以白衣卿相称之，又曰白袍子。试日，引于院中，谓银袍鹄立[1]。

【注释】

①鹄立：如鹄延颈而立，形容盼望等待。

【译文】

隋唐两朝参加科举的考试者，都称为“白衣卿相”或“白袍子”。考试的那天，考试者集体立在试院中，称之为“银袍鹄立”。

乡试

天府贤书

【原文】

《周礼·地官·乡大夫》：三年则大比德行道艺，而兴贤者、能者，乡老及乡大夫以礼礼宾。厥明[1]，乡老、乡大夫群吏献贤能之书于王，王再拜受之，登于天府。

【注释】

①厥明：明日。

【译文】

《周礼·地官·乡大夫》记载：每三年就会进行有关德行道艺方面的大考试，以此选拔有才能之人，乡老和乡大夫以礼来礼敬宾客。到了天明，乡老和乡大夫以及其他官吏把选举出来的贤能之士的文书呈给君王，君王拜两次再接受，然后记录在朝廷的府库。

鹿鸣宴

【原文】

《诗·鹿鸣》篇，燕群臣嘉宾之诗也。贡院内编定席舍，试已，长吏以乡饮酒礼，设宾主，陈俎豆①，歌《鹿鸣》之诗。

【注释】

①俎豆：俎和豆，古代祭祀、宴飨时盛食物用的两种礼器，亦泛指各种礼器。

【译文】

《诗经·鹿鸣》篇是首宴请群臣、嘉宾的诗歌。贡院里编好了席舍之位，考试过后，长吏用乡饮酒礼分设宾主，陈列礼器，唱《鹿鸣》诗。

孝廉

【原文】

汉制举人皆名孝廉，不由科目始也。曹操亦举孝廉。

【译文】

在汉代的制度中，称举人为孝廉，不是科举考试的内容。曹操也曾举孝廉。

破天荒

【原文】

荆州应试举人，多不成名，为天荒解。刘蜕①以荆州解及第，时号为破天荒。

【注释】

①刘蜕：生卒年不详，字复愚，长沙（今属湖南）人，一云商州（陕西商县）人，唐散文家。

【译文】

荆州参加考试的举人，多数没能功成名就，称为“天荒解”。刘蜕是从荆州选送上来而登第的，当时被称为“破天荒”。

郁轮袍

【原文】

王维[1]善琵琶。岐王使为伶人，引至公主第[2]，独奏新曲，号《郁轮袍》。因献怀中诗，主惊曰："皆我亲所诵习，尝谓是古人佳作，乃子为之耶！"因命更衣，引之客座，召试官至第，遣宫婢传教，作解头及第。

【注释】

①王维：（701—761），字摩诘，号摩诘居士，河东蒲州（今山西运城）人，祖籍山西祁县。唐朝著名诗人、画家。

②第：封建社会官僚贵族的大宅子。

【译文】

王维善弹琵琶。岐王让他假装伶人，带他到公主的府第，让他独自演奏了一首叫《郁轮袍》的新曲。然后王维向公主献上怀中所带的诗，公主大惊说："这些诗我都是背诵过的，原以为是古人的佳作，没想到出自你的笔下！"于是，公主让王维换了衣服，让他做到客人的座位上，命主考官来，派宫女传公主的话，让王维为状元及第。

会试

南宫

【原文】

唐开元中，谓尚书省为南省，门下、中书为北省。南宫，礼部也。旧以礼部郎中掌省中文翰，谓之南宫舍人。后之赴春榜，曰赴南宫。

【译文】

唐代开元年间，称尚书省叫南省，而称门下、中书为北省。南宫即礼部。以前，礼部郎中是专门掌管官府中的文书的官职，叫作南宫舍人。后来说赴春榜，也叫赴南宫。

知贡举

【原文】

《唐·选举志》：玄宗开元二十四年，考功员外郎李昂与贡举，诋诃[1]进士李权文章，大为权所陵[②]诟[③]。帝以员外郎望轻，遂移贡举于礼部，以侍郎主之，永为例。礼部进士自此始。

【注释】

①诋诃（dǐ hē）：诋毁，呵责，指责。

②陵：侵犯，欺侮。

③诟：辱骂。

【译文】

《新唐书·选举志》记载：唐玄宗开元二十四年，考功员外郎李昂主持科举考试，指责进士李权的文章，却遭到李权的言语侮辱。玄宗考虑到员外郎的威望太轻，便将贡举的事移交给礼部，由礼部侍郎来主持，从此以后便成为定例。礼部的进士由此开始。

玉笋班

【原文】

唐李宗闵知贡举，所取多知名士，世谓之玉笋班。

【注释】

①李宗闵：（787—843），唐代大臣。

【译文】

唐代李宗闵主持贡举，所取的大多是当时的名士，世人称之为玉笋班。

朱衣点头

【原文】

欧阳修[①]知贡举，考试阅卷，常觉一朱衣人在座后点头，然后文章入格。始疑传吏，及回视，一无所见，因语同列而三叹。常有句云："文章自古无凭据，惟愿朱衣暗点头。"

【注释】

①欧阳修：（1007—1072），字永叔，号醉翁、六一居士，吉州永丰（今江西省吉安市永丰县）人，北宋政治家、文学家。

【译文】

欧阳修主持贡举，在阅卷的时候，总觉得背后有一个红衣人在点头，然后看到的文章都是合格的。开始以为是传达消息的官吏，往回一看，却看不到人，便将这件事告诉了其他考官，大家都十分惊叹。所以有诗句说："文章自古无凭据，惟愿朱衣暗点头。”

文无定价

【原文】

韩昌黎[1]应试《不迁怒不贰过》题，见黜[2]于陆宣公[3]。翌岁，公复主试，仍命此题。韩复书旧作，一字不易，公大加称赏，擢为第一。

【注释】

①韩昌黎：韩愈（768—824），字退之，河南河阳（今河南省孟州市）人，自称“郡望昌黎”，世称“韩昌黎”“昌黎先生”，唐代杰出的文学家、思想家、哲学家、政治家。

②黜：取消，舍弃。

③陆宣公：陆贽（754—805），字敬舆，吴郡嘉兴（今浙江嘉兴）人，唐代著名政治家、文学家、政论家。

【译文】

韩愈参加科考时，答的是《不迁怒不贰过》的题目，但是却被陆贽黜免。第二年，陆贽又一次主持科举，仍然出了这个题。韩愈把上年的旧作一字不差地写了上去，这次陆贽大为称赏，取为第一。

屈居第二

【原文】

嘉祐二年，欧阳修知贡举，梅尧臣[1]得苏轼《刑赏论》以示修，修惊喜，欲以冠[2]多士[3]，疑门生曾巩所作，乃置第二。

【注释】

①梅尧臣：（1002—1060），字圣俞，世称宛陵先生，宣州宣城（今安徽省宣城市宣州区）人，北宋著名现实主义诗人。

②冠：超出众人，居第一位。

③多士：古指众多的贤士。

【译文】

嘉祐二年，欧阳修主持贡举，梅尧臣阅到苏轼的《刑赏论》，觉得不错便拿给欧阳修看，欧阳修读过后觉得非常惊喜，想让这篇文章作为最后的压卷之作，由于怀疑是自己的门生曾巩写的，只给了他第二名。

龙虎榜

【原文】

唐贞元八年，陆贽主试，欧阳詹举进士，与韩愈、李绛、崔群、王涯、冯宿、庾承宣联第，皆天下名士，时称龙虎榜。

【译文】

唐代贞元八年，陆贽主持科考，欧阳詹中进士，与韩愈、李绛、崔群、王涯、冯宿、庾承宣一同中第，这几位都是众人皆知的名士，当时人称之为龙虎榜。

殿试

状元

【原文】

唐武后天授元年二月，策问①贡士于洛阳殿前。状元之名，盖自此始。

【注释】

①策问：古代以对答形式考试的一种文体，内容以经义、政事为主，与今之论文答辩略有类似之处。

【译文】

唐代武则天时期，天授元年二月，在洛阳殿前策问贡士。状元之名，由此开始。

淡墨书名

【原文】

唐人进士榜必以夜书，书必以淡墨。或曰名第者阴注①阳受，以淡墨书，若鬼神之迹也。

【注释】

①阴注：冥中注定。

【译文】

在唐代，书写进士名单的时间一定在晚上，而且一定要用淡墨。有人说，这是因为中第的人都是在阴间被注录而在阳间接受中举的成果，用浅淡的墨水来写就像是鬼神的笔迹一样。

临轩策士

【原文】

宋熙宁三年，吕公著知贡举，密奏曰："天子临轩策士，用诗赋，非举贤求治之意。令廷试，乞以诏策，咨访治道。"自是上御集英殿亲试，乃用策问。

【译文】

宋代熙宁三年，吕公著主持贡举，秘密上奏天子说："您到前殿来策问士子，如果考诗赋，就不是选择贤人以求治国的初衷了。希望在廷试时用拟诏书与策论来咨询求访治国之道。"从此，皇帝到集英殿亲自主持考试，便只考策问。

天门放榜

【原文】

范仲淹①判陈州时，郡守母病，召道士伏坛奏章，终夜不动。至五更，谓守曰："夫人寿有六年。"守问奏章何久，曰："天门放明年春榜，观者骈②道，以故稽留③。"问状元，曰："姓王，二字名，下一字涂墨，旁注一字，远不可辨。"明春，状元王拱寿，御笔改为拱辰。

【注释】

①范仲淹：（989—1052），字希文，苏州吴县人，北宋杰出的思想家、政治家、文学家。

②骈（pián）：两马并驾一车。

③稽留：停留，迁延。

【译文】

范仲淹在任陈州任通判时，陈州太守的母亲病了，便召来道士拜坛向天帝呈交祈福的奏章，但是那道士一晚上都没有动弹，到了五更才醒来，对太守说："太夫人还有六年阳寿。"太守问他为什么上奏的时间这么长，他说："天门外在张挂明年春天考中的进士名单，人太多，挡住了去路，所以时间长些。"问他状元是谁，他说："姓王，名字是两个字，下边一个字被涂上了墨，旁边注了一个字，没有看清。"到了第二年春，中榜的是王拱寿，皇帝御笔给他改名为"拱辰"。

雁塔题名

【原文】

唐韦肇及第，偶于慈恩寺雁塔上题名，后人效之，遂为故事。自神龙以来，杏林宴后于雁塔题名，同年中推善书者记之。他时有将相，则易朱书。

【译文】

唐代的韦肇考上了进士，偶然间在慈恩寺大雁塔上题下自己的名字，后人纷纷效仿，成为惯例。神龙年间以来，进士的杏林宴过后，便会到大雁塔题名，在同年考中的人里推出一位擅长书法的人来记录。若是后来出现将相之类的大员，就将他的名字改为用红色书写。

曲江宴

【原文】

曲江在西安府，唐朝秀士登科第者，赐宴曲江。每年三月三日，游人最盛。

【译文】

曲江在西安府，唐朝秀才考上进士的人，皇帝会在曲江赐宴款待他。每年三月三日，这里便成了最繁华的地方。

一榜京官

【原文】

宋太祖幸西都，张齐贤①以布衣献《十策》，语太宗曰："我到西都得一张齐贤，异时可作宰相。"太宗即位，放进士榜，欲置齐贤高等，而有司落名三甲榜末，上不悦。及注官，一榜尽除②京官。

【注释】

①张齐贤：（942—1014），字师亮，曹州冤句（今山东菏泽南）人，后徙居洛阳（今属河南），北宋著名政治家。

②除：任命官职。

【译文】

宋太祖驾临西都，平民张齐贤向太祖进献了十道策论，宋太祖对宋太宗说："我在西都得到一个人才，名叫张齐贤，此人以后可作宰相。"宋太宗即位后，放进士榜，想将张齐贤放在前几名里，可是主考官却将张齐贤放在三甲的最后，惹得太宗不高兴。等到给新进士授官时，太宗为了留下张齐贤，便给所有考上的人全部授予官职。

赐花

【原文】

唐懿宗[①]开新第，宴于同江，乃命折花于金盒，令中使驰之宴所，宣口敕曰："便令簪[②]花饮宴。"无不为荣。

【注释】

①唐懿宗：李漼（833—873），生于籓邸，唐朝第十七位皇帝。

②簪：插，戴。

【译文】

唐懿宗在开新一榜科第的时候，要在同江为士子设宴，还命人折来花朵放在金盒中，命使者骑马送到开宴的地方，宣天子的口谕说："大家都戴上花朵参加饮宴吧。"大家都觉得无比荣耀。

门生

春官桃李

【原文】

唐刘禹锡[①]《寄王侍郎放榜》诗："礼闱新榜动长安，九陌人人走马看。一日声名遍天下，满园桃李属春官。"

【注释】

①刘禹锡：（772—842），字梦得，河南洛阳人，唐朝文学家、哲学家，有"诗豪"之称。

【译文】

唐代刘禹锡《寄王侍郎放榜》诗说："礼闱新榜动长安，九陌人人走马看。一日声名遍天下，满园桃李属春官。"

谢衣钵

【原文】

《摭言》：状元以下，到主司宅，缀行[①]而立，敍名纸通呈，与主司对拜。执事云："请状元请名第。第几人，谢衣钵。"衣钵，谓与主司名第同者，或与主司先人名第同者，谓之谢衣钵。

【注释】

①缀行：连接成行，紧跟着走。

【译文】

《唐摭言》记载：状元以下中了进士的人，按礼应当到主考官的府上，排好队，呈上名片去通报，然后与主考官对拜。司礼会说："请状元遍谢使其得此名第的人。然后进士便要向主考官谢衣钵。"衣钵，是指名次与主考官当年所得名次相同的人，或者与主考官的祖先名次相同的人，所以叫谢衣钵。

传衣钵

【原文】

范质举进士，主司和凝爱其才，以第十三人登第，谓质曰："君文宜冠多士，屈居第十三者，欲君传老夫衣钵耳。"后和入相，质亦拜相。

【译文】

范质中了进士，主考官和凝非常赏识他的才能，将他排在第十三名中举。他对范质说："你的文章本来应该位于众人之首，但是我想让你以后传承我的衣钵，所以让你屈居第十三名。"后来和凝官至宰相，范质也做了宰相。

沆瀣一气

【原文】

杜审权①知贡举，收卢处权。有戏之者曰："座主审权，门生处权。"乾符二年，崔沆收崔瀣，说者谓："座主门生，沆瀣一气②。"

【注释】

①杜审权：字殷衡，京兆杜陵（今陕西西安三兆村）人。

②沆瀣一气：比喻臭味相投的人结合在一起。

【译文】

杜审权主持贡举，取中了卢处权。有人开玩笑说："主考是审权，门生是处权。"乾符二年，崔沆取中了崔瀣，有人便说："考官和考生，沆瀣一气。"

头脑冬烘

【原文】

郑侍郎薰主试，疑颜标为鲁公之后，擢①为状元。及谢主司，知其非是，乃悔误取。时人嘲之曰："主司头脑太冬烘②，错认颜标是鲁公。"

【注释】

①擢：提拔，提升。

②冬烘：糊涂懵懂，迂腐浅陋。含讽刺意。

【译文】

侍郎郑薰主持考试，怀疑颜标是鲁公颜真卿的后人，便把他升为状元。后来发现不是，后悔自己把他误取为状元。当时的人嘲笑说："主司头脑太冬烘，错认颜标是鲁公。"

好脚迹门生

【原文】

唐李逢吉知贡举，榜未发而拜相，及第士子皆就中书省见座主。时人谓好脚迹门生。

【译文】

唐代的李逢吉主持贡举，中举的名单还未发放，他已经被任命为宰相，中举的士子就到中书省去参见他这位座主。当时人都称这些士子是"好脚迹门生"。

天子门生

【原文】

宋赵逵①，绍兴中对策当旨，擢第一，独忤秦桧意，外除。帝问逵安在，授校书郎。单车赴阙②，关吏迎合桧，搜逵，橐中仅书籍耳。比桧卒，迁起居郎。帝曰："卿知之乎？始终皆朕自擢。桧一语不及卿，以此信卿不附权贵，真天子门生也。"

【注释】

①赵逵：（1117—1157），字庄叔，南宋官吏。

②赴阙：入朝，指陛见皇帝。

【译文】

宋代绍兴年间，赵逵在殿试上对策很合宋高宗之意，原本应为第一，但是因为得罪了秦桧，被任命为外官。宋高宗问赵逵在什么地方任职，还承诺他校书郎一职。赵逵只乘着一辆小车奔赴任所，守关的小吏为了迎合秦桧，便要求搜查他，但只搜到了书籍，其他的什么也没有。等到秦桧死后，赵逵才升为起居郎。宋高宗说："爱卿知道吗？你的官职是我一手安排的。秦桧自始至终都没提过你，我也因此相信你是一个不攀附权贵之人，真是天子的门生啊。”

下第

点额

【原文】

《三秦记》：龙门跳过者，鱼化为龙；跳不过者，暴腮点额。

【译文】

《三秦记》记载：从龙门上跳过去的鱼就能变化为龙；跳不过去的，腮就要裂开，头也会撞上石壁。

康了

【原文】

柳冕①应举，多忌，谓“安乐”为“安康”。榜出，令仆探名，报曰：“秀才康了！”

【注释】

①柳冕：生卒年不详，字敬叔，蒲州河东人（今山西永济），唐代散文家。

【译文】

柳冕参加科举考试，有很多忌讳，如“乐”和“落”音相近，又避讳“落”，所以称“安乐”为“安康”。后来，考试名单公布出来，他让仆人去看自己有没有考上，仆人回来报告说：“秀才康（即“落”）了！”

曳白

【原文】

天宝二年，以御史中丞张倚之子奭（shì）为第一，议者蜂起。玄宗复试，奭终日不成一字，谓之曳白①。

【注释】

①曳白：卷纸空白，只字未写，即考试交白卷。

【译文】

天宝二年，主考官让御史中丞张倚的儿子张奭为第一，众人对此议论纷纷。唐玄宗亲自主持复试，张奭一天也没有写出一个字，被称为“曳白”。

孙山外

【原文】

孙山应举，缀名榜末。朋侪①以书问山得失，答曰："解名尽处是孙山，馀人更在孙山外。"

【注释】

①侪（chái）：等辈，同类的人们。

【译文】

孙山去参加科举考试，是榜上的最后一名。朋友书信问他考得如何，他回答说："解名尽处是孙山，馀人更在孙山外。"

大器晚成

【原文】

《老子》云："大器晚成。"汉马援①失意，其兄马况谓援曰："汝大器晚成。"

【注释】

①马援：（前14—49），字文渊，扶风茂陵（今陕西杨凌西北）人，西汉末至东汉初年著名军事家，东汉开国功臣之一。

【译文】

《老子》说："大器晚成。"汉代的马援前途失意，他的哥哥马况对马援说："不要担心，你是大器晚成啊。"

举子过夏

【原文】

《遁斋闲览》：长安举子，六月后落第者不出京，谓之过夏，多借静坊庙院作文，曰夏课。

【译文】

《遁斋闲览》记载：长安的举子，六月后落第的人就不出京城，称之为"过夏"，大多数借居于安静的市坊或寺庙里作文章，称之为"夏课"。

荐举

征辟

【原文】

凡访求遗佚①，有诏召之曰征，郡国举擢曰辟。三代官由访举。汉始诏刺史、守相得专辟。隋炀帝始州县僚属选举，一由吏部。唐玄宗始文武选，分属吏、兵两部。

【注释】

①遗佚：遗漏。

【译文】

搜寻被遗漏的贤人，若有朝廷诏令，叫作“征”，郡国举荐擢升叫作“辟”。夏、商、周三代时的官员由寻访与荐举而来。从汉代开始，才下令让刺史、守相自行举擢。隋炀帝时期，开始州县的僚属官选举，由吏部全权决定。唐玄宗开始把文、武两科的选举分别统属于吏部和兵部。

劝驾

【原文】

汉高帝①诏曰：“贤士大夫有肯从我游者，吾能尊显之。其有际明德者，长吏必身劝，为之驾。”

【注释】

①汉高帝：刘邦（前256—前195），沛丰邑中阳里人，汉朝开国皇帝，汉民族和汉文化的伟大开拓者之一、中国历史上杰出的政治家、卓越的战略家。

【译文】

汉高祖下诏说：“天下贤良之士若是愿意跟随我的，我会让他声名显达。若是发现为人称赞的有德行的人，当地的地方长官应当亲自劝说他出山到京城来，并为他安排好来京的车驾。”

公门桃李

【原文】

唐狄仁杰①荐张柬之为宰相，又荐夏官侍郎姚崇、监察御史桓彦范、太平州刺史史敬晖数人，皆为名臣。或谓仁杰曰："天下桃李尽属公门。"仁杰曰："荐贤为国，非为私也。"

【注释】

①狄仁杰：（630—700），字怀英，并州太原（今山西太原）人，唐代武周时期政治家。

【译文】

唐代的狄仁杰推荐张柬之为宰相，又推荐了夏官侍郎姚崇、监察御史桓彦范、太平州刺史史敬晖等数人，都是名臣。有人对狄仁杰说："天下有名的人都出自您啊。"狄仁杰说："推荐贤人是为了国家，并非为了个人私利。"

明珠暗投

【原文】

《邹阳传》：明月之珠，夜光之璧，以投于道，莫不按剑相顾盼，无因而至前也。

【译文】

《史记·邹阳传》载：如果把明月珠、夜光璧扔在道路上，看到的人无不手握长剑互相顾盼，因为他们认为这些宝物不会无缘无故来到他们面前。

相见之晚

【原文】

主父偃①上书阙下，朝奏，暮召。时徐乐、严安上书言世务。上召三人，曰："公等安在？何相见之晚也！"

【注释】

①主父偃：（？—前126），临淄（今山东临淄）人，汉武帝时大臣。

【译文】

主父偃给朝廷上书，早晨递上去，晚上才得以召见。当时徐乐、严安也上书谈论世务。皇上召见这三人，说："诸爱卿都在何处啊，为什么我与你们相见得这么晚呢！"

举贤良

【原文】

汉武帝[1]建元初，始诏天下举贤良方正、直言敢谏之士。又用董仲舒[2]议，令郡县岁举孝廉各一人，限以四科：一曰德行高洁，志节清白；二曰学通行修，经中博士；三曰明习法令，足以决疑，按章复问，文中御史；四曰刚毅多略，遭事不惑，明足决断，材任三辅。县令四科取士，终汉世不变。

【注释】

①汉武帝：刘彻（前156—前87），西汉第七位皇帝，伟大的政治家、战略家、诗人。

②董仲舒：（前179—前104），西汉广川（河北景县广川镇）人，思想家、政治家、教育家，唯心主义哲学家和今文经学大师。

【译文】

汉武帝建元初年，为了更好地治理国家，汉武帝诏令天下举荐贤良方正、敢直言进谏之人。他又接受董仲舒的建议，命郡县每年举荐孝廉各一人，并以四点为限：一是德行高洁，志向与节操清白；二是学问精通、行为修持，擅长研治经书；三是学习法令，可以法令来决疑，按照章程来审问案件，文章可胜任史书的写作；四是性格刚毅，多有智略，遇事不迷惑，明智足以下决断，有资格在京城任职三辅。让县令以此四科取士，一直延续了整个汉朝。

举茂才

【原文】

后汉安帝[1]元嘉初，尚书令左雄上言：郡国强仕，自今孝廉年不满四十，不得察举，皆请诣公府，诸生试经学、文吏课笺奏。若有茂才[2]异行，自可不拘年齿[3]。帝从之。

【注释】

①汉安帝：刘祜（hù）（94—125），东汉第六位皇帝，公元106年至公元125年在位，在位十九年，享年三十二岁，葬于汉恭陵。谥号孝安皇帝，庙号恭宗。

②茂才：即秀才。东汉时，为了避讳光武帝刘秀的名字，将秀才改为茂才，后来有时也称秀才为茂才。

③年齿：年龄。

【译文】

后汉安帝元嘉初年，尚书令左雄上书说：郡国都是成年人出仕，从今年开始，不满四十岁的孝廉不举荐，让他们到公府中去，在他们考过了经学、文章、吏治等课程后再上奏。如果出现才华出众的，则不用考虑年龄大小。安帝听从了他的建议。

官制

三公三孤

【原文】

三公：太师、太傅、太保。三孤：少师、少傅、少保。师，天子所师；傅，傅相天子；保，保护天子。

【译文】

三公，指的是太师、太傅、太保。三孤，指的是少师、少傅、少保。这里的“师”，指的是为天子之师；“傅”，指的是辅导天子；“保”，指的是保护天子。

六卿

【原文】

吏部曰太宰、冢宰，户部曰大司徒，礼部曰大宗伯，工部曰大司空，兵部曰大司马，刑部曰大司寇。

【译文】

吏部称为太宰或冢宰，户部称为大司徒，礼部称为大宗伯，工部称为大司空，兵部称为大司马，刑部称为大司寇。

六官

【原文】

吏部曰天官，户部曰地官，礼部曰春官，兵部曰夏官，刑部曰秋官，工部曰冬官。

【译文】

吏部称为天官，户部称为地官，礼部称为春官，兵部称为夏官，刑部称为秋官，工部称为冬官。

太尉仆射

【原文】

太尉，秦官也，等于三公，掌兵。左右仆射，亦秦官也，等于六卿。

【译文】

太尉是秦朝的官职，相当于三公，掌握兵权。左右仆射，也是秦朝的官职，相当于六卿。

封赠

【原文】

人臣父母与妻生前受封者曰敕封、诰封，人称之曰封君；死后受封者曰敕赠，人称之曰赠君。

【译文】

臣子的父母与妻子生前受到朝廷加封叫作敕封、诰封，人称其“封君”；死后受朝廷加封的叫作敕赠，人称其为“赠君”。

母妻封号

【原文】

凡品级官员封及其母妻者，正从一品，母妻封一品夫人；正从二品，母妻封夫人；正从三品，母妻封淑人；正从四品，母妻封恭人；正从五品，母妻封宜人；正从六品，母妻封安人；正从七品，母妻封孺人。

【译文】

凡有品级的官员封赠时也会泽及他们的母亲、妻子。凡是品级为正、从一品的，其母亲、妻子封为一品夫人；正、从二品的，其母亲、妻子封为夫人；正、从三品的，其母亲、妻子封为淑人；正、从四品的，其母亲、妻子封为恭人；正、从五品的，其母亲、妻子封为宜人；正、从六品的，其母亲、妻子封为安人；正、从七品的，其母亲、妻子封为孺人。

文官补服

【原文】

一二仙鹤与锦鸡，三四孔雀云雁飞，五品白鹇（xián）惟一样，六七鹭鸶、鸂鶒（xī chì）宜。八九品官并杂职，鹌鹑、练雀与黄鹂。风宪衙门专执法，特加獬豸（xiè zhì）迈伦夷。

【译文】

一、二品官员官服上绣的补子分别是仙鹤与锦鸡，三、四品官员分别绣孔雀和大雁，五品官员只绣白鹇，六、七品官员分别绣鹭鸶和鸂鶒，八、九品官员和其他杂职分别绣鹌鹑，练雀和黄鹂。专管监督、纠察的御史和专门执法的部门，与其他普通官吏不同的是要特别增加獬豸的图案。

武官补服

【原文】

公侯驸马伯，麒麟白泽裘。一二绣狮子，三四虎豹优。五品熊罴（pí）俊，六七定为彪。八九是海马，花样有犀牛。

【译文】

公爵、侯爵、驸马、伯爵，其官服上绣的补子分别是麒麟和传说中的神兽白泽。一、二品官员绣狮子，三、四品官员绣虎豹。五品官员绣熊罴，六、七品官员绣彪。八、九品官员绣海马，还可有犀牛。

品级正从一品

【原文】

正一品：太师，太傅，太保，宗人令，左右宗正，左右宗人，左右都督。从一品：少师，少傅，少保，太子太师，太子太傅，太子太保，都督同知。

【译文】

正一品的官员有：太师，太傅，太保，宗人令，左、右宗正，左、右宗人，左、右都督。从一品的官员有：少师，少傅，少保，太子太师，太子太傅，太子太保，都督同知。

正从二品

【原文】

正二品：太子少师，太子少傅，太子少保，尚书，都御史，都督佥事，正留守，都指挥使，袭封衍圣公。从二品：布政使，都指挥同知。

【译文】

正二品的官员有：太子少师，太子少傅，太子少保，尚书，都御史，都督佥事，正留守，都指挥使，袭封衍圣公。从二品的官员有：布政使，都指挥同知。

正从三品

【原文】

正三品：太子宾客，侍郎，副都御史，通政使，大理寺卿，太常寺卿，詹事，府尹，按察使，副留守，都指挥佥事，指挥使。从三品：光禄寺卿，太仆寺卿、行太仆寺卿，苑马寺卿，参政，都转运盐使，留守司指挥同知，宣慰使。

【译文】

正三品的官员有：太子宾客，侍郎，副都御史，通政使，大理寺卿，太常寺卿，詹事，府尹，按察使，副留守，都指挥佥事，指挥使。从三品的官员有：光禄寺卿，太仆寺卿、行太仆寺卿，苑马寺卿，参政，都转运盐使，留守司指挥同知，宣慰使。

正从四品

【原文】

正四品：佥都御史，通政，大理寺少卿，太常寺少卿，太仆少卿，少詹事，鸿胪寺卿，京府丞，按察司副使，行太仆寺少卿，苑马寺少卿，知府，卫指挥佥事，宣慰司同知。从四品：国子监祭酒，布政司参议，盐运司同知，宣慰司副使，宣抚司宣抚。

【译文】

正四品的官员有：佥都御史，通政，大理寺少卿，太常寺少卿，太仆少卿，少詹事，鸿胪寺卿，京府丞，按察司副使，行太仆寺少卿，苑马寺少卿，知府，卫指挥佥事，宣慰司同知。从四品的官员有：国子监祭酒，布政司参议，盐运司同知，宣慰司副使，宣抚司宣抚。

正从五品

【原文】

正五品：华盖、谨身、武英殿大学士，文渊、东阁、春坊大学士，翰林院学士，庶子，通政司参议，大理寺丞，尚宝司卿，光禄寺少卿，六部郎中，钦天监正，太医院使，京府治中，宗人府经历，上林苑监正，按察司佥事，府同知，王府长史，仪卫正，千户，宣抚司同知。从五品：侍读侍讲学士，谕德，洗马，尚宝、鸿胪少卿，部员外郎，五府经历，知州，盐运司副使，盐课提举，卫镇抚，副千户，仪卫副，招讨，宣抚司副使，安抚使安抚。

【译文】

正五品的官员有：华盖、谨身、武英殿大学士，文渊、东阁、春坊大学士，翰林院学士，庶子，通政司参议，大理寺丞，尚宝司卿，光禄寺少卿，六部郎中，钦天监正，太医院使，京府治中，宗人府经历，上林苑监正，按察司佥事，府同知，王府长史，仪卫正，千户，宣抚司同知。从五品的官员有：侍读侍讲学士，谕德，洗马，尚宝、鸿胪少卿，部员外郎，五府经历，知州，盐运司副使，盐课提举，卫镇抚，副千户，仪卫副，招讨，宣抚司副使，安抚使安抚。

未入流

【原文】

孔目，国子监掌馔，学正，教谕，训导，兵马、断事、长官司吏目，司牲、司牧副使，府检校，县典史，军器局、柴炭司副使，递运所大使，驿丞，河泊所闸坝官，关大使，牧监，录事，郡长，提控，案牍，都督府、御马、军储、门仓副使，广盈库、都课、都税、税课司副使，茶盐课司使，府州县卫所仓场大使、副盐运司、府卫提举，司所州县库大使、副使，司府州军器、织染、杂造局副使，宣德仓、司竹、铁冶、河州、辽阳、青州府、乐安税课司大使，茶运批验所、巾帽针工局、庆远裕民司大副使，司库副使，盐仓、税课、钞纸、印钞、铸印、抽分竹木、惠民金银场、惠民局、水银朱砂场局、生药库、长史司仓、库大副使，县杂造局副使，典术，典科，训术，训科，副都纲，都纪，僧正，道正，僧会，道会。

【译文】

孔目，国子监掌馔，学正，教谕，训导，兵马、断事、长官司吏目，司牲、司牧副使，府检校，县典史，军器局、柴炭司副使，递运所大使，驿丞，河泊所闸坝官，关大使，牧监，录事，郡长，提控，案牍，都督府、御马、军储、门仓副使，广盈库、都课、都税、税课司副使，茶盐课司使，府州县卫所仓场大使、副盐运司、府卫提举，司所州县库大使、副使，司府州军器、织染、杂造局副使，宣德仓、司竹、铁冶、河州、辽阳、青州府、乐安税课司大使，茶运批验所、巾帽针工局、庆远裕民司大副使，司库副使，盐仓、税课、钞纸、印钞、铸印、抽分竹木、惠民金银场、惠民局、水银朱砂场局、生药库、长史司仓、库大副使，县杂造局副使，典术，典科，训术，训科，副都纲，都纪，僧正，道正，僧会，道会。

宰相 参政

历代置相

【原文】

颛顼置乐正。黄帝七辅。汤六傅。伏羲置二相。秦献公置左右二卿，称丞相。庄襄王改相国。唐庄宗置丞相兼枢密。唐中宗始置大学士。五代置文明殿大学士，始为宰相兼职。宋真宗置资政殿学士，班翰林上。汉武帝置秘书令，置太史令。汉桓帝置秘书监。唐太宗始置宰相监修国史。唐德宗始宰相政事，诏迭秉笔。

【译文】

颛顼帝开始设置乐正。黄帝有七辅。商汤有六傅。伏羲设置了两位相。秦献公设置了左右二卿，称为丞相。庄襄王时改称为相国。唐庄宗设置了丞相兼枢密。唐中宗开始设置大学士。五代时设置了文明殿大学士，开始成为宰相的兼职。宋真宗设置资政殿学士，班次在翰林之上。汉武帝设置秘书令，设置太史令。汉桓帝设置秘书监。唐太宗开始让宰相监修国史。唐德宗开始诏令，宰相的政事需数位宰相之间依序轮换秉笔办理。

通明相

【原文】

汉翟方进为丞相，智能有馀，兼通文法吏事，以儒术缘饰法律，人号通明相。

【译文】

汉代的翟方进为丞相，智慧与能力兼具，还通晓文法和吏事，能用儒术来文饰法律，人称他为“通明相”。

救时宰相

【原文】

唐姚崇[①]拜相，问齐瀚曰：“予为相，何如管晏[②]？”瀚曰：“管晏之法，虽不能施于后世，犹可以终其身。公所为法，随复更之，只可为救时宰相。”

【注释】

①姚崇：（651—721），本名元崇，字元之，陕州硖石（今河南陕县）人，祖籍吴兴（今浙江省湖州），唐代著名政治家。

②管晏：管仲与晏婴。

【译文】

唐代姚崇任宰相时问齐瀚说："我当宰相，与管仲、晏婴相比怎么样啊？"齐瀚说："管仲、晏婴的法令，现在虽然已经不能实行，但是在他们在世时可以一直施行。而大人制定的法令，反复更改，只能称为'救时宰相'罢了。"

知大体

【原文】

汉丙吉①不问横道死人，而问牛喘。吏谓失问。吉曰："宰相不亲细事，民斗伤命，则有司存②。方今春月牛喘，恐阴阳失调，宰相职司燮③理阴阳，是以问之。"人称其知大体。

【注释】

①丙吉：（？—前55），字少卿，鲁国（今属山东）人，西汉名臣。

②司存：有司，官吏。

③燮（xiè）：谐和，调和。

【译文】

丙吉是西汉宰相。有次，他不去询问死人为何横在道路上，却过问牛为什么喘气。他的手下说他这是"失问"。丙吉说："我没有询问民间发生械斗而至伤人命这等事，是因为自然有官府来管。然而，现在是春月，牛却大喘，恐怕是天地之间阴阳失调，调理阴阳之气才是我这个宰相的职责所在啊。因此要过问。"人们称赞他识大体。

尚书　部曹　卿寺

古纳言

【原文】

唐玄宗用牛仙客①为尚书，张九龄谏曰：尚书，古之纳言，多用旧相居之。仙客，本河、湟一使典耳，拔升清流，齿班②常伯③，此官邪也。

【注释】

①牛仙客：（675—742），泾州鹑觚（gū）（今甘肃灵台）人，唐朝宰相。

②齿班：并列。

③常伯：君主左右管理民事的大臣。

【译文】

唐玄宗任用牛仙客为尚书，张九龄进谏说："尚书的职责自古以来就是纳言，照例应当由以前的宰相来担任。牛仙客，只是河、湟一个使典罢了，破格提拔，与皇帝近臣同列，这是官邪啊。"

天之北斗

【原文】

李固疏：陛下有尚书，犹天之有北斗。北斗为天之喉舌，尚书为陛下之喉舌。

【译文】

李固上疏说："陛下有尚书，就好像上天有北斗星一样。北斗星是天的喉舌，尚书就是陛下的喉舌。"

六卿

【原文】

隋文帝始定六部，本汉光武分署六曹。吏曹职起伏羲，汉光武为选部，魏始名吏部，始居诸曹右。户曹职起黄帝，吴始为户部，唐武后始以户部居礼部右。礼曹职起颛顼之秩宗，隋始为礼部。兵刑曹职起黄帝，隋始为兵部、刑部。工曹职起少昊，晋起部，隋始为工部。宋神宗复唐故事，以吏、户、礼、兵、刑、工为次序。

【译文】

隋文帝开始确定六部，依据了东汉光武分署六曹的作法。吏曹之职起自伏羲，汉光武帝定为选部，魏国改名为吏部，开始位居诸曹之上。户曹之职起自黄帝，吴国时开始改为户部，唐代武则天开始将户部移居于礼部之上。礼曹之职起自颛顼的秩宗，隋朝时开始改为礼部。兵曹和刑曹之职起自黄帝，隋朝的时候开始改为兵部、刑部。工曹之职起自少昊，晋代叫起部，隋朝开始改为工部。宋神宗又依唐朝的旧例，以吏部、户部、礼部、兵部、刑部、工部为次序。

尚书

【原文】

秦遣吏至殿中文书，始号尚书。后汉始专席。魏三品，陈加至一品。

【译文】

秦代委派官吏到朝廷殿中撰写文书，才开始有尚书的称谓。到后汉才专门设置这个职位。魏国时尚书的官阶为三品，陈朝时加到一品。

侍郎

【原文】

隋炀帝置六曹侍郎。副尚书名始秦。

【译文】

隋炀帝设置了六曹的侍郎。副尚书的名字起始于秦朝。

郎中

【原文】

汉置尚书郎，分掌尚书事，名始秦。

【译文】

汉代设置尚书郎，分掌尚书的事，名称源于秦朝。

员外

【原文】

隋文帝命尚书六曹增置员外郎，名始汉。

【译文】

隋文帝命尚书六曹增置了员外郎，名称起始于汉代。

主事

【原文】

隋炀帝置主事副员外郎，名始汉武帝。

【译文】

隋炀帝设置了主事、副员外郎，名称起始于汉武帝。

司务

【原文】

宋置六部司务。

【译文】

宋代设置了六部司务。

九卿

【原文】

夏后氏始置九卿。汉设九卿，不以官名，但称九寺。梁武帝始加卿字。后魏始置少卿，以卿为正卿。

【译文】

夏后氏开始设置九卿。汉代设了九卿，但不用官名，只称为九寺。梁武帝才开始加“卿”字。后魏开始设置少卿，便以原来的卿为正卿。

大理寺

【原文】

黄帝立士师，有虞①为士师。夏始称大理。秦置大理正，今卿；置廷尉正，今寺正。魏置少卿。晋武帝置丞。隋炀帝置评事。

【注释】

①有虞：指舜帝。

【译文】

黄帝设立了士师，舜帝任为士师。夏代时开始称为大理。秦代时设置大理正，就是现在的卿；设置了廷尉正，就是现在的寺正。魏朝设置了少卿。晋武帝设置了丞。隋炀帝设置了评事。

太常寺

【原文】

本周官春官之职。秦称奉常。汉改太常，名始有虞。后汉置卿。秦置丞。魏文帝置博士。汉武帝置郎，置司乐，置协律。隋置郊社署，今天地坛祠祭署。唐置簿。

太仆寺、苑马寺，职始周官，梁置簿，汉置监。

【译文】

本来是周官中的春官之职。秦朝称为奉常。汉代又改称太常，其名称始于舜帝。后汉设置了卿。秦朝设置了丞。魏文帝设置了博士。汉武帝设置了郎、司乐和协律。隋朝设置郊社署，即现在的天地坛祠祭署。唐代设置簿。

太仆寺、苑马寺的职务都来源于周官，梁代设置簿，汉代设置监。

光禄寺

【原文】

本秦置，郎中令掌宫掖。汉为光禄勋。梁始改光禄卿。北齐兼膳羞。隋始专掌。唐始署珍羞官，因隋。隋始署大官名，因秦始署良酝，即汉汤官，掌酝，本周官酒正人置。

【译文】

本是秦朝的设置，郎中令掌管宫掖。汉代为光禄勋。梁代开始改为光禄卿。北齐则兼管膳食。隋朝才开始有专门的职务。唐代开始设置珍羞官，沿袭隋代的制度。隋代开始署大官名，沿袭秦朝设良酝署，即汉代的汤官，专门掌管酝酿之事，依据周官中的酒正人来设置。

鸿胪寺

【原文】

汉武帝置大鸿胪，梁武帝除“大”字，本秦典客、周大行人。

【译文】

汉武帝设置了大鸿胪，梁武帝除去了“大”字，依据的是秦朝的典客、周朝的大行人。

国子监

【原文】

周以师氏、保氏教养国子，始名国子。晋武帝始立国子学。隋炀帝始改国子监。汉始定祭酒，衔名本周。隋炀帝置司业，并周职。汉武帝置博士，名始秦。晋武帝置教。隋炀帝置丞。北齐高洋置簿。宋神宗置录。

【译文】

周代由师氏、保氏来教导天子的儿子，开始称为国子。晋武帝开始创立国子学。隋炀帝开始改为国子监。汉代开始定其主官为祭酒，官衔名来自于周代。隋炀帝设置司业，也是来自周代的职务。汉武帝设置博士，名称来源于秦朝。晋武帝设教官。隋炀帝设丞。北齐高洋设簿。宋神宗设录。

卷七 政事部

经济

平米价

【原文】

赵清献公[①]，熙宁中知越州。两浙旱蝗，米价涌贵，饥死者相望。诸州皆榜衢路[②]，立告赏，禁人增米价。公独榜通衢，令有米者增价粜[③]之，于是米商辏集[④]，米价顿贱。

【注释】

①清献公：赵抃（biàn）（1008—1084），字阅道，号知非子，衢州西安（今浙江省衢州市柯城区信安街道沙湾村）人。北宋名臣。

②衢（qú）路：道路。

③粜（tiào）：卖粮食。

④辏（còu）集：聚集。

【译文】

熙宁年间，清献公赵抃任越州知府。当时两浙一带出现了旱情和蝗灾，米价一下变得很高，很多人都饿死了。各个州都在大路上立告悬赏，严禁私长米价。但只有赵抃在告示上高价收购米，于是所有米商蜂拥而至，越州米价立刻下跌。

禁闭粜

【原文】

抚州饥，黄震奉命往救荒，但期会富民耆老[①]以某日至。至则大书“闭粜者籍，强籴[②]者斩”八字揭于市，米价遂平。

【注释】

①耆（qí）老：年老而有地位的士绅。

②籴（dí）：买粮食。

【译文】

抚州闹饥荒，黄震奉命去救荒，到了抚州后他邀请当地的富民们在某一天会面，这些人到了之后，他写了“屯米不卖的人流放，强行买米的人斩首”，然后米价就立刻平稳了。

但笑佳禾

【原文】

张全义见田畴[1]美者，辄下马，与僚佐共观之，召田主，劳以酒食。有蚕麦善收者，或亲至其家，呼出老幼，赐以茶彩衣物。民间言张公不喜声伎[2]，独见佳麦良蚕乃笑耳。由是民竞耕蚕，遂成富庶。

【注释】

①田畴：田地。

②声伎：歌舞等技艺。

【译文】

张全义与同僚一同骑马查看百姓粮田的状况，看到田地状况良好的，便和同僚下马，然后用酒食犒劳田地的主人。如果知道有擅长养蚕或收麦的人，他就会亲自到百姓家中，赏赐他们茶叶或衣物。民间都传说，张大人不爱声色美伎，只有看到佳麦良蚕才会露出笑容。因此，这里的百姓竞相耕种养蚕，他的管辖区很快成了富庶之地。

击鼓剿贼

【原文】

魏李崇，为兖（yǎn）州刺史。兖旧多劫盗。崇令村置一楼，楼悬鼓，盗发之处，乱击之。旁村始闻者，以一击为节，次二，次三。俄顷之间，声闻百里，皆发人守险，由是贼无不获。

【译文】

北魏时期，李崇任兖州刺史。兖州强盗很多。李崇命每个村子建一个高楼，楼上悬挂一大鼓，只要盗贼出现，就胡乱地打鼓。而旁边听到的村子，便以每次一下的节奏打鼓，接下来听到的村子以每次两下的节奏打鼓，再接下来是每次三下。很短的时间内，百里之外便都会知晓了，那么听到鼓声的地方便都可以有人来守卫，因此盗贼再没有漏网的。

断绝扳累

【原文】

薛简肃公帅蜀。一日置酒大东门外，中有戍卒作乱，既而就擒，都监走白诸公，命只于擒获处斩决。民间以为神断，不然，妄相扳引，受累必多矣。

【译文】

薛奎镇守蜀地。有天，在大东门外和其他人喝酒，期间有个士兵作乱，就立刻擒拿了，都监跑来汇报，薛奎下令就地处斩。民间认为，这种处理方式很明智，要不然，稍加审讯，就会胡乱牵扯，到时候便会有很多无辜的人受到连累。

擢用枢密

【原文】

都指挥使张旻被旨选兵，下令太峻，兵惧，谋为变。上召二府议之。王旦①曰："若罪旻，则自今帅臣何以御众？急捕谋者，则震惊都邑。陛下数欲任旻枢密，今若擢用，使解兵柄，反侧②者自安矣。"上曰："王旦善处大事，真宰相也。"

【注释】

①王旦：（957—1017），字子明，大名莘（xīn）县（今属山东）人，北宋名相。

②反侧：不安分，不顺从。

【译文】

都指挥使张旻接到朝廷命令选兵，但是因为他下令过于严峻，士兵们都怕他，秘密谋划着叛变。皇帝为此召来来中书省和枢密院二府商讨策略。王旦说："若是问罪张旻，以后的将领还怎么率领众军？若是逮捕谋反的人，会惊动天下，不妥。陛下不是多次想任命张旻为枢密使，不如趁现在将他升官任用，一来解除他的兵权，二来也能让谋反之人平静下来。”皇帝说：“王旦善于处理大事，真是宰相啊。”

分封大国

【原文】

汉患诸侯强，主父偃谋令诸侯以私恩自裂地封其子弟，而汉为定其封号。汉有厚恩，而诸侯自分析弱小云。

【译文】

汉代怕诸侯国变得强大了会威胁到自己的权力，主父偃献计让诸侯依照自己的意愿把自己的封地分封给他们的子弟，然后由朝廷给他们封号。这样既显示了朝廷对他们的厚恩，也能达到削弱诸侯势力的目的。

烛奸

责具原状

【原文】

李靖[①]为岐州刺史，或告其谋反，高祖命一御史案之。御史知其诬罔[②]，请与告事者偕行数驿，诈称失原状，惊惧异常，鞭挞行典，乃祈求告事者别疏一状，比验与原不同，即日还以闻。高祖大惊，告事者伏诛[③]。

【注释】

①李靖：（571—649），字药师，雍州三原（今陕西三原县东北）人。隋末唐初将领，是唐朝文武兼备的著名军事家。后封卫国公，世称李卫公。

②诬罔：诬陷毁谤。

③伏诛：被处死刑。

【译文】

李靖任岐州刺史，被人诬告谋反，唐高祖派一个御史去审理此案。御史明白这是诬告，于是请求和告事之人一同走一段路，在路上他假装把诉状丢了，然后表现出非常惊恐的样子，还鞭打下属，祈求那个告事之人再重新写一张状子，然后与原状对比，果然不同，当天便呈给皇上看了。唐高祖大吃一惊，而那个告状的人也认罪伏法了。

验火烧尸

【原文】

张举为句章令。有妻杀其夫，因放火烧舍，诈称夫死于火。其弟讼之。举乃取猪二口，一杀一活，积薪焚之，察死者口中无灰，活者口中有灰。因验夫口，果无灰，以此鞫①之，妻乃服罪。

【注释】

①鞫（jū）：审问犯人。

【译文】

张举任句章令。有一妻子杀了自己的丈夫，还放火烧了房舍，谎称自己的丈夫死于火灾。丈夫的弟弟不信，便将她告了。张举找了两口猪来，一头杀死一头活着，然后用柴火焚烧，再检查，发现死猪的嘴里没有灰，而活猪嘴里有灰。然后用这种方法检查死去的丈夫，发现他的嘴里果然没有灰，用这个证据质问妻子，她马上俯首认罪了。

市布得盗

【原文】

周新按察浙江，将到时，道上蝇蚋①近马首而聚，使人尾②之，得一暴尸，惟小木布记在，取之。及至任，令人市布，屡嫌不佳，别市之，得印志者，鞫之，布主即劫布商贼也。

【注释】

①蝇蚋（ruì）：苍蝇和蚊子。

②尾：在后面跟。

【译文】

周新去浙江上任当按察使，在快要

到达的时候，路上看到有苍蝇在马头边上聚集，就命人跟着这些苍蝇，结果发现一具暴露的尸体，尸体上只有一小块布匹的木制牌记，便取了回来。周新上任后，命人去市场买布，每次都嫌买回来的布不好，然后再接着买，直到买到的布上也有同样的一小块木牌，然后把店主传来审问，审讯后发现，那店主就是劫了死去布商的盗贼。

旋风吹叶

【原文】

周新坐堂问事，忽旋风吹异叶至前，左右言城中无此木，独一古寺有之，去城差远。新曰："此必寺僧杀人埋其下也，冤魂告我矣！"发之，得妇尸，僧即款服①。

【注释】

①款服：认罪。

【译文】

周新在大堂上审案，忽然有一阵旋风把一片奇特的叶子吹到面前，左右的人都说城中没有长这种叶子的树，这种叶子只在一个离城很远的古寺里有。周新说："这肯定是寺庙的僧人杀了人埋在树下，树下的冤魂来告诉我了！"周新命人去这座古寺挖树下的土，果然有一具女人的尸体，僧人也立刻认罪了。

帷钟辨盗

【原文】

陈述古令浦城。有失物，莫知为盗者，乃绐①曰："某所有钟能辨盗，盗摸则钟自鸣。"阴②使人以煤涂而帷之。令囚入摸帷，一囚手无煤，讯之果服。

【注释】

①绐（dài）：欺骗，欺诈。

②阴：暗中。

【译文】

陈述古为浦城令。有人丢了东西，陈述古没有查出盗贼是谁，于是谎称说："我有一口能辨别盗贼的钟，如果是贼的话摸一下钟就会响。"然后暗中让人在钟上涂上煤灰并用帷布遮起来。然后让囚犯进去摸钟。有一个囚犯手上没有煤灰的痕迹，审讯他，果然便服罪了。

识断

斩乱丝

【原文】

高洋内明而外晦，众莫能知，独欢异之，曰："此儿识虑过吾。"时欢欲观诸子意识，使各治乱丝，洋独持刀斩之，曰："乱者必斩。"

【译文】

高洋很聪明但却装作糊涂的样子，大家都不知道他聪明，只有父亲高欢觉得他与众不同，说："这个儿子见识与思虑超过了我。"当时高欢想看几个儿子能力高下，便让他们各自整理一团乱丝，只有高洋拿着刀把乱丝斩断了，说："乱者必斩。"

即斩叛使

【原文】

胡兴为赵府长史。汉庶人将反，密使至，赵王大惊，将执奏之。兴曰："彼举事有日矣！何暇奏乎？万一事泄，是趣之叛。"一日尽歼之。汉平，宣庙闻斩使事，曰："吾叔非二心者！"赵遂得免。

【译文】

胡兴是赵王府的长史。汉地的平民要谋反，秘派使者来赵王府，赵王大惊，本想把使者抓起来上交朝廷。而胡兴说："他们起事已经有些时日了，现在已经没有时间上报朝廷。万一事情泄露，那就是加快他们叛变。"因此，在一天之内将使者全部斩杀。汉地叛乱被平息后，皇帝知道了赵王斩杀使者的事，说："我的叔叔绝非是有二心的人啊！"赵王得以免罪。

监国解纷

【原文】

张说有辨才，能断大议。景云初，帝谓侍臣曰："术家①言，五日内有急兵入宫，奈何？"左右莫对。说进曰："此谗②谋动东宫耳！陛下若以太子监国，则名分定，奸胆破，蜚语塞矣。"帝如其言，议遂息。

【注释】

①术家：古代指擅长天文历算的学者。

②谗：在别人面前说陷害某人的坏话。

【译文】

张说有辨才，能决断大事。景云初年，皇帝对侍臣说："算命的人说，五天之内皇宫会发生兵变，怎么办？"左右的人也都无计可对。张说进奏说："这种谗言只是奸佞之人用来耸动太子的奸计罢了！陛下如果让太子监管国事，定下太子继承帝位的名分，那奸人也就害怕了，这些流言蜚语自然就会消失。"皇帝按照张说的建议处理，这种议论果然平息了。

断杀不孝

【原文】

张晋为刑部，时有与父异居而富者，父夜穿垣①，子以为盗也，其入，扑杀之，取灯视之，父也。吏议：子杀父，不宜纵；而实拒盗，不知其为父，又不宜诛。狱久不决。晋判曰："杀贼可恕，不孝当诛。子有余财，而使父贫为盗，不孝明矣！"竟杀之。

【注释】

①垣：矮墙，墙。

【译文】

张晋在刑部任职时发生了这样一件事，有个富人没有与自己的父亲同住，他的父亲半夜翻墙进来，儿子以为是盗贼，等他进来后便命人乱棍打死，拿灯一看是自己的父亲，后悔也来不及了。属吏说："儿子杀父，不该纵容；但也是为了抗拒盗贼，并不知道是自己的父亲，不该判罪。"左右为难，所以案子久久无法判定。张晋判决说："杀贼的事可以饶恕，但不孝的罪却应该斩首。儿子这么富，却让自己的老父亲因为贫穷沦为盗贼，这是不孝啊。"最终把这个儿子杀了。

刺酋试药

【原文】

曹克明有智略，真宗朝累官十州都巡检。酋蛮来献药一器，曰："此药凡中箭者傅之，创立愈。"克明曰："何以验之？"曰："请试鸡犬。"克明曰："当试以人。"取箭刺酋股而傅以药，酋立死。群酋惭惧而去。

【译文】

曹克明是一个有智慧、有谋略的人，宋真宗时，他已经因功绩官至十州都巡检。有边地蛮人向他进献了一瓶药，说："这种药能治剑伤，敷在伤口上立刻就好。"曹克明说："怎么来验证呢？"蛮人回答说："在鸡狗身上一试便知。"曹克明说："应当在人身上试。"于是，取箭把一个蛮人的大腿刺伤，给他敷上了药，但那个人却很快死了。其他蛮人都既惭愧又害怕，然后离开了。

杖逐桎梏

【原文】

黄震为广德通判。广德俗有自带枷锁求赦①于神者，震见一人，召问之，乃兵也。即令自招其罪，卒曰无有。震曰："尔罪必多，但不可对人言，故告神求赦耳。"杖而逐之。此风遂绝。

【注释】

①赦：免除和减轻刑罚。

【译文】

黄震为广德通判。广德有一种风俗，深觉自己有罪的人可以自己带着枷锁向神祈求赦免，黄震看到有一个人这样做，便召来一问，原来是一个士兵。黄震让他说出自己的罪行，那士兵说没有。黄震说："你肯定有很多罪行，但是不能对旁人说明，所以向神明祈求赦免。"于是杖责此人并将他赶了出去。从此这种风气就没有了。

强项令

【原文】

董宣为洛阳令，湖阳公主家奴杀人，宣就主车前取杀之。主诉于帝，帝令宣谢①主，宣不拜。帝令捺②伏，宣以手据地不俯。帝敕曰："强项令去！"

【注释】

①谢：谢罪。

②捺（nà）：用手按，抑制。

【译文】

董宣为洛阳令时，湖阳公主的家奴杀了人，董宣在公主车驾前杀了他。公主向皇帝告状，皇帝命董宣向公主谢罪，董宣坚决不跪拜。皇帝让人将他强行压下去跪拜，董宣用手撑住地就是不低头。皇帝只好下令说："好了，你这个硬脖子的县令快回去吧。”

南山判

【原文】

武后时，李元紘[①]迁雍州司户。太平公主与僧争碾硙[②]，元紘判与僧。长史窦怀贞大惧，促紘改判。紘大署判尾曰：“南山可移，此判终无摇动也。”

【注释】

①李元紘（hóng）：（？—733），字大纲，京兆万年（今陕西西安）人，祖籍滑州（今河南滑县），唐朝宰相。

②碾硙（niǎn wèi）：利用水力启动的石磨。

【译文】

武则天时期，李元紘做雍州司户。太平公主与和尚争一个水磨，李元紘判给了和尚。长史窦怀贞非常害怕，让李元紘改判给公主。李元紘在判书后写了几个大字：“南山可以移，这道判文绝不更改。”

清廉

冰壶

【原文】

杜诗：“冰壶玉鉴悬清秋。”姚元崇所作《冰壶诫》，言其洞彻无瑕，澄空见底。杜诗清廉，有类于是。

【译文】

杜甫的诗说：“冰壶玉鉴悬清秋。”姚元崇也写了《冰壶诫》，赞扬冰壶通体无瑕，且清澈见底。东汉的杜诗非常清廉，像清澈的冰壶一样。

斋马

【原文】

唐冯元叔历浚仪、始平尹，单骑赴任，未常以妻子之官。所乘马，不食民间刍豆[①]。人谓之斋马。

【注释】

①刍（chú）豆：草和豆，指牛马的饲料。

【译文】

唐代的冯元叔历任浚仪、始平尹，每次都是一人骑马去赴任，从未携妻子、孩子一起去任职。他所骑的马，也不吃民间供应的粮草。人们都称其为斋马。

廉能

【原文】

《周礼·天官》：以听官府之六计弊群吏之治，一廉善，二廉能，三廉敬，四廉正，五廉法，六廉辨。

【译文】

《周礼·天官》记载：平治官府可以用以下六项判定群吏的治理了：一是考察善良，二是考察能力，三是考察敬畏，四是考察正直，五是考察法治，六是考察辨别。

冰清衡平

【原文】

华康直知光化，丰稷知谷城，廉而且平。时人歌之曰："华光化，丰谷城。清如冰，平如衡。"

【译文】

华康直任职光化，丰稷任职谷城，此二人都是清廉公正之人。当时人歌颂他们说："华在光化，丰在谷城。清廉如冰，公平如衡。"

釜中生鱼

【原文】

汉范冉[1]字史云，桓帝[2]时为莱芜长。人歌之曰："甑[3]中生尘范史云，釜中生鱼范莱芜。"

【注释】

①范冉：（112—185），字史云，东汉时兖（yǎn）州陈留郡外黄县人。

②桓帝：刘志（132—167），字意，生于蠡（lǐ）吾（今河北省博野县），东汉第十位皇帝。

③甑（zèng）：古代蒸饭的一种瓦器。

【译文】

汉代的范冉，字史云，在汉桓帝时任莱芜长。当时有人歌颂他说："范冉家的锅里因为许久未做饭而积满灰尘，釜也因为许久没用而生出了鱼来。”

酹酒还献

【原文】

后汉张奂，为安定属国都尉。有羌人献金、马者，奂召主簿张祁入，于羌前，以酒酹①地曰：“使马如羊，不以入厩②；使金如粟，不以入怀。”悉以还之，威化大行。

【注释】

①酹（lèi）：把酒洒在地上表示祭奠或起誓。

②厩（jiù）：马棚，泛指牲口棚。

【译文】

后汉时期的张奂是安定属国的都尉。有羌人为感谢击退匈奴之事特来进献金钱和马匹，张奂召主簿张祁进来，在羌人面前，把酒倒在地上说：“即使马像羊一样多，我也不会把它们关进我的马厩；即使金钱像粟米一样，我也不会自己私藏。”然后把羌人带来的财物全部归还，由此威信提高、教化大行。

臣心如水

【原文】

前汉成帝①，郑崇为尚书，好直谏，贵戚多谮②。上责崇曰：“君门如市，何以欲禁绝贵戚？”崇对曰：“臣门如市，臣心如水。”

【注释】

①汉成帝：刘骜（ào）（前51—前7），西汉第十二

位皇帝。

②谮（zèn）：别人的坏话，诬陷，中伤。

【译文】

西汉成帝的时候，郑崇为尚书，喜欢直言进谏，不少高官贵戚因此多次恶意中伤他。成帝责备郑崇说：“你家也是门庭若市，但为什么要拒绝与贵戚的交往呢？”郑崇回答说：“我虽门庭若市，但我的心却如水一样。”

卷八 文学部

经史

十三经

【原文】

《易经》《书经》《诗经》《春秋》《礼记》《论语》《孝经》《尔雅》《左传》《公羊》《穀梁》《周礼》《仪礼》。

伏羲始则龙马作易，神农始即其方列为八卦，帝王为传国之宝。

【译文】

十三经指：《易经》《书经》《诗经》《春秋》《礼记》《论语》《孝经》《尔雅》《左传》《公羊》《穀梁》《周礼》《仪礼》。

伏羲最早仿黄河所出龙马神兽来制定易，神农便分别其方位而制成八卦，帝王将此看作传国之宝。

五行

【原文】

一曰水，二曰火，三曰木，四曰金，五曰土。水曰润下，火曰炎上，木曰曲直，金曰从革①，土爰②稼穑③。润下作咸，炎上作苦，曲直作酸，从革作辛，稼穑作甘。

【注释】

①从革：谓依从人的意愿而改变（其形状）。

②爰（yuán）：曰，为。

③稼穑（jià sè）：农事的总称。春耕为稼，秋收为穑，即播种与收获，泛指农业劳动。

【译文】

一是水，二是火，三是木，四是金，五是土。水是向下湿润，火是向上燃烧，木是可曲可直，金是可塑造出种种形状，土是可以种植和收获庄稼。向下湿润就使味道发咸，向上燃烧致焦就使味道发苦，可曲可直的木材味道发酸，可塑造出种种形状的金属伤肤就感到火辣的痛，种植和收获庄稼味道甜美。

五事

【原文】

一曰貌，二曰言，三曰视，四曰听，五曰思。貌曰恭，言曰从，视曰明，听曰聪，思曰睿。恭作肃，从作乂，明作哲，聪作谋，睿作圣。

【译文】

一是态度，二是言语，三是观察，四是听闻，五是思考。态度要恭敬，言语要顺从，观察要明晰，听话要聪颖，思考要睿智。态度恭敬就表现为严肃，言语顺从就可以辅佐治理，观察明晰就能成为智者，听话聪颖就善于谋断，思考睿智就能成为圣人。

五福

【原文】

一曰寿，二曰富，三曰康宁，四曰攸好德，五曰考终命。

【译文】

一是长寿，二是富有，三是健康安宁，四是修饰美德，五是终其天年。

六极

【原文】

一曰凶短折，二曰疾，三曰忧，四曰贫，五曰恶，六曰弱。

【译文】

一是短寿死于非命，二是有疾病，三是忧愁，四是贫穷，五是凶恶，六是衰弱。

三坟五典

【原文】

三皇之书曰《三坟》，五帝之书曰《五典》。《抱朴子》云：五典为笙簧，《三坟》为金玉。少昊、颛顼、高辛、唐、虞之书谓之《五典》。坟，大也。三坟者，山坟、气坟、形坟也。山坟，言君臣、民物、阴阳、兵象；气坟，言归藏、发动、长育、生杀；形坟，言天地、日月、山川、云气。即伏羲、神农、黄帝之书。

【译文】

三皇的书叫《三坟》，五帝的书叫《五典》。《抱朴子》记载说：五典就是音乐中的笙簧，三坟就是金玉。少昊、颛顼、高辛、唐尧、虞舜的书称为《五典》。坟，即“大”的意思。三坟，是指山坟、气坟、形坟三部分。山坟，主要说君臣、民众的财物、阴阳、兵象；气坟，主要说蛰藏、发动、成长、生杀；形坟，主要说天地、日月、山川、云气。就是伏羲、神农、黄帝的书籍。

武经七书

【原文】

《孙子》《吴子》《尉缭子》《司马兵法》《李靖》《三略》《六韬》。

【译文】

武经七书包括《孙子兵法》《吴子兵法》《尉缭子》《司马兵法》《李卫公问对》《黄石公三略》《六韬》。

佶屈聱牙

【原文】

韩愈《进学解》曰：“周《诰》殷《盘》，佶屈聱牙①；《春秋》谨严；《左氏》浮夸；《易》奇而法，《诗》正而葩。”

【注释】

①佶（jí）屈聱（áo）牙：佶屈：曲折；聱牙：不顺口。指文章读起来不顺口。

【译文】

韩愈《进学解》说：“周朝的《大诰》和殷商的《盘庚》之文，都佶屈聱牙很难读；《春秋》叙述谨严；《左传》行文浮夸；《周易》神奇却有法则，《诗经》雅正而又华美。”

入室操戈

【原文】

《郑玄传》：任城何休好《公羊》学，著《公羊墨守》《左氏膏肓》《穀（gǔ）梁废疾》。郑玄乃发《墨守》，针《膏肓》，起《废疾》。休见而叹曰："康成入吾室，操吾戈，而伐吾乎！"

【译文】

《后汉书·郑玄传》记载：任城人何休非常喜欢《公羊》学，便写了《公羊墨守》《左氏膏肓》《穀梁废疾》等书。郑玄便阐发《墨守》，针砭《膏肓》，兴起《废疾》。何休看到后叹息说："郑玄这是进我的屋子，拿我的武器讨伐我啊！"

二十一史

【原文】

司马迁《史记》，班固《前汉书》，范晔《后汉书》，陈寿《三国志》，唐太宗《晋书》，沈约《宋书》，萧子显《南齐书》，姚思廉《梁书》《陈书》，魏收《北魏书》，李百药《北齐书》，令狐德棻（fēn）《后周书》，李延寿《南史》《北史》，魏徵《隋书》，宋祁、欧阳修《唐书》，欧阳修《五代史》，脱脱《宋史》《辽史》《金史》，宋濂《元史》。

【译文】

司马迁《史记》，班固《前汉书》，范晔《后汉书》，陈寿《三国志》，唐太宗《晋书》，沈约《宋书》，萧子显《南齐书》，姚思廉《梁书》《陈书》，魏收《北魏书》，李百药《北齐书》，令狐德棻《后周书》，李延寿《南史》《北史》，魏徵《隋书》，宋祁、欧阳修《唐书》，欧阳修《五代史》，脱脱《宋史》《辽史》《金史》，宋濂《元史》。

书籍

二酉藏书

【原文】

大酉山、小酉山为轩辕黄帝藏书之所。

【译文】

大酉山、小酉山是轩辕黄帝藏书的地方。

家有赐书

【原文】

班彪[1]家有赐书，好名之士自远方至，父党扬子云以下，莫不造门[2]。

【注释】

①班彪：（3—54），字叔皮，扶风安陵（今陕西咸阳东北）人，出身于汉代显贵和儒学之家，受家学影响很大。

②造门：上门，到别人家去。

【译文】

班彪家里有朝廷的赐书，喜好名气的士人就从远方慕名而来，父辈中的扬雄等人也都登门造访。

南面百城

【原文】

李谧杜门却扫[1]，绝迹下帷，弃产营书，手自删削。每叹曰："丈夫拥书万卷，何假南面百城！"

【注释】

①杜门却扫：杜：堵塞；却扫：不再扫径迎客。关上大门，扫除车迹。指闭门谢客，不和外界往来。

②南面百城：南面：古以坐北朝南为尊，指地位崇高；百城：上百座城市，指土地广大。用以形容统治者尊贵富有。

【译文】

李谧闭门谢客，自己也不出门与外世交往，把家中的家产变卖后来买书，而且亲自删削书籍。他常常感叹："大丈夫坐拥万卷藏书，何需做王侯以统治百城之地来证明自己呢！"

三十乘

【原文】

晋张华好书，尝徙居[1]，载书三十乘，凡天下奇秘，世所未有者悉在华所。有《博物志》行世[2]。

【注释】

①徙居：迁居。

②行世：流传于世。

【译文】

晋代的张华喜欢书，搬家时，用了三十辆车装运书籍，就连天下难寻的最奇异秘藏的书都有。他写了一本《博物志》流传于世。

曹氏书仓

【原文】

曹曾积书万馀卷。及世乱，曾虑书籍散失，乃积石为仓，以藏书籍。世名曹氏书仓。

【译文】

曹曾藏书多达一万多卷。后来世事变乱，曹曾担心书籍散失，便用石头垒成仓库，来收藏书籍。世人称其为曹氏书仓。

五车书

【原文】

《庄子》：惠施多方，其书五车。

【译文】

《庄子》记载：惠施学识渊博，他的藏书有五车之多。

八万卷

【原文】

齐金楼子①聚书四十年，得书八万卷，虽秘书之省，自谓过之。

【注释】

①金楼子：梁元帝萧绎（508—555），字世诚，小字七符，自号金楼子，南兰陵（今江苏常州）人。南北朝时期梁代皇帝，公元552年至公元554年在位。

【译文】

梁元帝萧绎藏书四十年，积累书籍八万卷，就是朝廷的秘书省也没有他的书多。

三万轴

【原文】

唐李泌家积书三万轴。韩诗云："邺侯家多书，架插三万轴。一一悬牙签，新若手未触。"

【译文】

唐代的李泌家里藏书有三万轴。韩愈写诗说："邺侯李泌家多书，书架上有三万轴。每册都配一牙签，崭新便似手未触。"

黄卷

【原文】

古人写书，皆用黄纸，以黄蘖①染之，驱逐蠹（dù）鱼，故曰黄卷。有错字，以雌黄涂之。

【注释】

①黄蘖（niè）：染料。

【译文】

古人抄写书籍的时候，都用黄纸，用黄蘖染一遍，用来驱逐蠹鱼，所以叫作黄卷。如果发现有错字，可以用雌黄来涂改。

杀青

【原文】

古人写书，以竹为简。新竹有汗，善朽蠹①。凡作简者，先于火上炙②去其汗，杀其竹青，故又名汗简。

【注释】

①朽蠹：朽腐虫蚀。

②炙：烤。

【译文】

古人著书，是用竹子来作书简。新竹

上会有汁液，容易腐烂或者招蠹虫。所以在书写前先要在火上烤，去除汁液，再刮去青色的表皮，这叫杀青，也叫汗简。

四部

【原文】

《唐·经籍志》：玄宗两都各聚书四部，以甲、乙、丙、丁为号：甲，经部，赤牙签；乙，史部，绿牙签；丙，子部，碧牙签；丁，集部，白牙签。

【译文】

《旧唐书·经籍志》记载：唐玄宗在东、西二都内各收藏图书四部，以甲、乙、丙、丁为号：甲，表示经部，用红色的牙签；乙，表示史部，用绿色的牙签；丙，表示子部，用碧色的牙签；丁，表示集部，用白色的牙签。

汗牛充栋

【原文】

陆文通之书，居则充栋①，出则汗牛②。

【注释】

①充栋：形容藏书、著述之富，可以堆满屋子。

②汗牛：谓牛运书累得出汗。形容著述或藏书极多。

【译文】

陆文通的藏书十分丰富，能装满整个屋子。如果用牛拉着运出来，真能把牛累出汗来。

勤学

帐中灯焰

【原文】

范仲淹夜读书帐中，帐顶如墨。及贵，夫人以示诸子曰："尔父少时勤学，灯焰之迹也。"

【译文】

范仲淹晚上在帐子中点灯读书，帐顶都被灯熏黑了。后来范仲淹做了高官，他的妻子指着帐子被熏黑的地方对儿子说："这就是你们父亲小时候勤奋读书，灯焰熏黑的痕迹啊。”

佣作读书

【原文】

匡衡①好学，邑有富民家多书，与之佣作，而不取值，曰：“愿借主人书读耳。”遂博览群书。

【注释】

①匡衡：生卒年不详，字稚圭，东海郡承县（今山东省枣庄市峄城区西北）人，西汉经学家，官至丞相，曾以“凿壁偷光”的苦读事迹名世。

【译文】

匡衡十分好学，同村有一富户家里有很多书，匡衡为了读书，给他家干活不要报酬，说：“希望能借主人家的书读一读。”因此得以博览群书。

带经而锄

【原文】

倪宽①受业于孔安国，时行赁作②，带经而锄，力倦，少休息，即起诵读。

【注释】

①倪宽：（？—前103），西汉官员，字仲文，千乘（今山东广饶县）人。

②赁作：受雇为人劳作。

【译文】

倪宽拜孔安国为师，但是要时常给人干活养活自己，经常带着经书锄地，等干活累的时候，就在休息的时候读书。

燃叶

【原文】

柳璨①，少孤贫，好学，昼采薪给费，夜燃叶读书。

【注释】

①柳璨：（？—906），字照之，唐朝河东郡（今山西省永济市）人。唐朝末年大臣、文学家及史学家。

【译文】

柳璨，小时候孤苦贫困，但十分好学，白天砍柴挣钱，晚上便点着树叶来看书。

圆木警枕

【原文】

司马光[1]常以圆木为警枕，少睡则枕转而觉，即起读书，学无不通。

【注释】

①司马光：（1019—1086），字君实，号迂叟，陕州夏县（今山西夏县）涑（sù）水乡人，世称涑水先生。北宋政治家、史学家、文学家。

【译文】

司马光常常枕着圆木头作为警枕，刚睡一会儿枕头就会转动，他便醒来，立刻起床读书，所以在学问方面无所不通。

穿膝

【原文】

管宁[1]家贫好学，坐藜床[2]五十馀年，未尝箕踞[3]，当膝处皆穿。

【注释】

①管宁：（158—241），字幼安，北海郡朱虚县（今山东省安丘、临朐东南）人。

②藜床：藜茎编的床榻。泛指简陋的坐榻。

③箕踞：两脚张开，两膝微曲地坐着，形状像箕。这是一种轻慢傲视对方的姿态。

【译文】

管宁家贫困而好学，坐在简陋的坐榻上有五十多年，从来没有过箕踞的不雅姿势，衣物膝盖处的布都烂了。

著作

字字挟风霜

【原文】

淮南王刘安[1]撰《鸿烈》二十一篇，字字皆挟风霜之气。扬子云以为一出一入，字直百金。

【注释】

①刘安：（前179—前122），西汉初年宗室，西汉时期思想家、文学家。

【译文】

淮南王刘安撰写了《淮南鸿烈》二十一篇，文笔褒贬森严。扬雄认为他的文章每个字都值百金。

月露风云

【原文】

隋李谔[①]书云："连篇累牍[②]，不出月露之形；积案盈箱[③]，尽是风云之状。"

【注释】

①李谔：字士恢，赵郡南和（今河北南和县）人，北朝到隋朝大臣。

②连篇累牍：累，重叠；牍，古代写字的木片。形容篇幅过多，文辞冗长。

③积案盈箱：堆满书桌，塞满书箱。形容书籍、文稿、卷宗等非常多。

【译文】

隋代时期，大臣李谔给朝廷上书说："最近人们写文章篇幅冗长，不过是说月亮、露水的形象；堆满书桌的卷宗，谈的也不过是风和云罢了。"

文阵雄师

【原文】

唐苏颋（tǐng）文章思若涌泉，张九龄谓同列曰："苏生之文俊赡无敌，真文阵雄师也。"

【译文】

唐代的苏颋写文章思如泉涌，张九龄对同僚说："苏先生的文章文辞华美丰赡，无人能敌，可谓是文阵中的一支雄师。"

词人之冠

【原文】

唐张九龄七岁能文，太宗时为中书舍人[①]，时号为词人之冠。

【注释】

①中书舍人：官名。

【译文】

唐代的张九龄七岁便能写文章，唐太宗时官至中书舍人，当时号称"词人之首”。

文章宿老

【原文】

唐李峤为凤阁舍人①，富才思，文册号令多属为之。前与王、杨接迹，中与崔、苏齐名，学者称为文章宿老。

【注释】

①凤阁舍人：官名，即中书舍人。唐武则天时称中书省为凤阁，中书舍人即称凤阁舍人。

【译文】

唐代的李峤官至凤阁舍人，多才思，朝廷里文册号令多让他写。前边与王勃、杨炯接近，中间与崔融、苏味道齐名，学者称之为文章宿老。

口吐白凤

【原文】

汉扬雄①作《甘泉赋》，才思豪迈，赋成，梦口吐白凤。

【注释】

①扬雄：（前53—18），字子云，西汉官吏、学者，蜀郡成都（今四川成都郫都区）人。

【译文】

汉代的扬雄作了《甘泉赋》，才思豪迈，文章写成后，梦到自己嘴里吐出一只白色的凤凰。

倚马奇才

【原文】

桓温①北征鲜卑，召袁宏倚马前作露布，手不停笔，俄②得七纸，殊可观。

【注释】

①桓温：（312—373），字元子（一作符子），谯国龙亢（今安徽怀远龙亢镇）人。东晋政治家、军事家、权臣。

②俄：短时间。

【译文】

桓温北征鲜卑的时候，召来袁宏就在马前写公告，笔在手中一直不停，很快就写满了七张纸，而且写得非常好。

文不加点

【原文】

江夏太守黄祖大会宾客，有献鹦鹉者，命祢衡①曰："愿先生赋之。"衡揽笔而作，文不加点②，辞采甚丽。

【注释】

①祢衡：（173—198），字正平，平原郡（今山东德州临邑德平镇）人。

②文不加点：点，涂上一点，表示删去。指文章一气呵成，无须修改。

【译文】

江夏太守黄祖大宴宾客，有人送给他一只鹦鹉，黄祖让祢衡为鹦鹉写一篇赋。祢衡拿笔就写，整篇文章没有一处改动的地方，一气呵成，辞藻也很华美。

干将莫邪

【原文】

李邕①文名天下，卢藏用曰："邕之文如干将莫邪②，难与争锋，但虞其伤缺耳。"

【注释】

①李邕：（678—747），即李北海，也称李括州，字泰和，唐代书法家，广陵江都（今扬州江都区）人。

②干将（gān jiāng）莫邪（yé）：干将、莫邪，古代宝剑名。锋利宝剑的代称。

【译文】

李邕的文笔名扬天下，卢藏用说："李邕的文章就如古代的宝剑干将莫邪一样，无人与之争锋，只是怕它自己有损伤罢了。"

洛阳纸贵

【原文】

左思作《三都赋》，豪贵之家竞相传写，洛阳为之纸贵。

【译文】

左思写了《三都赋》，富贵豪绅都抢着传抄，洛阳的纸价因此贵了起来。

【原文】

邢劭文章典丽，每文一出，京师传写，为之纸贵。

【译文】

邢劭的文章典雅而华丽，文章刚一写出来，京城就四处传写，连纸张都变贵了。

诗词

【原文】

伏羲始为长短句诗，汉武帝始为联句诗，曹植始为绝句诗，沈佺（quán）期始为律诗。

【译文】

伏羲是最早开始作长短句诗的，汉武帝是最早开始作联句诗的，曹植是最早开始作绝句诗的，沈佺期是最早开始作律诗的。

【原文】

舜始为四言，汉唐山夫人始为三言诗，枚乘《十九首》始为五言诗，唐始为排句，宋始为集句。

【译文】

舜第一个作四言诗，汉代的唐山夫人第一个作三言诗，枚乘的《古诗十九首》是最早的五言诗，唐代开始作排律，宋代开始作集句诗。

【原文】

颜延年、谢元晖始唱和，元微之、李、白始唱和次韵，颜鲁公始押韵。

【译文】

颜延年、谢元晖首先开始互相唱和，元稹、李绅、白居易首先开始唱和并依对方之诗来次韵，颜真卿首先开始严格按照对方的韵来押韵。

【原文】

宋周颙（yóng）始为四声切韵，唐孙愐（miǎn）始集为唐韵。

【译文】

南朝刘宋的周颙开始制定四声切韵，唐代的孙愐开始辑集为《唐韵》。

【原文】

魏孙炎始为反切字。僧守温始为三十二字母。

【译文】

魏国孙炎开始用反切法来为字注音。僧人守温开始制定了三十二个字母。

乐府

【原文】

汉武帝始郊庙①燕射②，咸著为篇章，无总众体，制乐府，本《骚》《九歌》《招魂》。

【注释】

①郊庙：古代天子祭天地与祖先。

②燕射：古代重武习射，常举行射礼。射礼有大射、宾射、燕射、乡射四种。

【译文】

汉武帝在祭祀、燕射时，常常能写出文章，没有总结出统摄众篇的文体，就称为乐府，依据的是《离骚》《九歌》《招魂》。

【原文】

李延年①始造乐府新声二十八解，古为章，魏晋以来皆为解。

【注释】

①李延年：西汉音乐家，生年不详，公元前 112 年春天为武帝所用。

【译文】

李延年开始创作出乐府新声二十八解，古代称为“章”，魏晋以来都称为“解”。

【原文】

唐始变乐府为词调，宋始变词调为长短篇。

【译文】

唐代才开始把乐府变为词调，宋代开始把词调变为长短句。

【原文】

晋荀勖①始为清商三调，本周《房中》为平调、清调、瑟调。汉《房中》为楚调。又侧调生于清调，总谓相和调。

【注释】

①荀勖（xù）：（？—289），西晋开国功臣，三国至西晋时音律学家、文学家、藏书家。

【译文】

晋朝的荀勖开始制作清商三调，依照周代的《房中乐》制作了平调、清调、瑟调。汉代的《房中乐》是楚调。另外，侧调生于清调，总称为相和调。

诗体

【原文】

严沧浪[①]云：诗体始于《国风》、三《颂》、二《雅》，流为《离骚》、古乐、古选。后有建安体、黄初体、正始体、太康体、元嘉体、永明体、齐梁体、南北朝体、初唐体、盛唐体、中唐体、晚唐体、宋元祐（yòu）体。

【注释】

①严沧浪：严羽，世称严沧浪，南宋诗论家、诗人。

【译文】

南宋的严羽说：诗的体制开始于《国风》、三《颂》、二《雅》，流变而为《离骚》、古乐府、《文选·古诗》。后来出现建安体、黄初体、正始体、太康体、元嘉体、永明体、齐梁体、南北朝体、初唐体、盛唐体、中唐体、晚唐体、宋元祐体。

警句

【原文】

杨徽之[①]能诗，太宗写其警句于御屏[②]。僧文莹谓以天地浩露涤[③]笔于金瓯雪盘，方与此诗神骨相投。

【注释】

①杨徽之：（921—1000），宋初第一代诗人中的佼佼者。字仲猷，建州浦城

（今属福建）人。

②御屏：皇帝用的屏风。

③涤：洗。

【译文】

杨徽之擅长写诗，宋太宗将他的警局写在皇宫的屏风上。僧人文莹说，要用天地间的露水在金瓯、雪盘里清洗毛笔，才能与这首诗的神韵风骨相契合。

柏梁体

【原文】

七言诗始于汉柏梁体①。武帝作柏梁台，诏群臣能诗者得上座，凡七言，每句用韵，各述其事。

【注释】

①柏梁体：七言古诗的一种。相传汉武帝在柏梁台上和群臣共赋七言诗，人各一句，每句用韵，后人谓此体为柏梁体。

【译文】

七言古诗开始于汉代的柏梁体。相传，汉武帝建立了柏梁台，让群臣中擅长写诗的人上座，命他们用七言的句式，且每句用韵，来各自陈述自己的事。

古锦囊

【原文】

李贺①工诗，每旦出，骑款段②马，从小傒奴③辈，背古锦囊，遇所得，即内之囊中。母见之曰："是儿呕出心肝乃已！"

【注释】

①李贺：（791—817），字长吉，唐代河南福昌（今河南洛阳宜阳县）人，家居福昌昌谷，后世称李昌谷，唐代著名诗人，有"诗鬼"之称。

②款段：行动迟缓。

③小傒奴：小男仆。

【译文】

李贺擅长写诗词，每天早上出去，骑着马缓缓前行，身旁跟随着几个小男仆，背着旧的锦囊，若有新的诗句，就放在锦囊里。他的母亲见了说："我这个儿子是非要把心肝吐出来不可啊！"

诗中有画

【原文】

王维工于诗画。东坡曰："摩诘之诗，诗中有画。摩诘之画，画中有诗。"

【译文】

王维擅长写诗和作画。苏轼说："王维的诗中有画的意境，画中又充满诗的韵味。"

卖平天冠

【原文】

宋廖融[①]精于《诗》学，多有生徒。太宗曰："词赋策论取士，融生徒多引去。"融曰："岂知今日之《诗》道，一似大市卖平天冠[②]，并无人问。"

【注释】

①廖融：字元素，江西省宁都县黄陂镇黄陂村人。

②平天冠：冕的俗称。

【译文】

宋代的廖融对《诗经》了解甚多，收了很多学徒。宋太宗说："若用诗词、策论选拔优异之人，恐怕廖融的学生都要走了。"廖融说："哪里料到现在对《诗经》的研究，就像在集市中推售天子的冠冕，无人问津。"

点金成铁

【原文】

梁王籍[①]诗云："蝉噪林逾静，鸟鸣山更幽。"王荆公改用其句曰："一鸟不鸣山更幽。"山谷笑曰："此点金成铁手也。"

【注释】

①王籍：字文海，琅邪临沂（今山东临沂市北）人。南朝梁诗人。

【译文】

梁代的王籍曾有诗说："蝉噪林逾静，鸟鸣山更幽。"王安石将其改为"一鸟不鸣山更幽"，黄庭坚嘲笑他说："你这简直是把金子变成石头的手啊。"

歌赋

【原文】

伏羲氏有《网罟（gǔ）之歌》，始为歌。葛天氏操牛尾，投足，歌八阕，始分阕。孔甲作《破斧之歌》，始为东音。涂山氏歌《候人》，始为《周南》《召南》。有娀（sōng）氏感飞燕，始为北音。周昭王时，西瞿（qú）徙宅西河，始为西音。

【译文】

伏羲氏创作了《网罟之歌》，这是最早的歌。葛天氏一手拿着牛尾巴，一边跳，一边唱八阕，这才开始分阕。孔甲创作了《破斧之歌》，由此开始了东方的歌声。涂山氏唱《候人歌》，才开始作《周南》《召南》。有娀氏从飞燕中得到感发，才开始了北音。周昭王时，西瞿迁家到西河，这才开始了西音。

【原文】

黄帝命岐伯为鼓吹。凯歌，汉为铙歌，本鼓吹。

【译文】

黄帝命令岐伯创制鼓吹。胜利之歌，在汉代称为铙歌，是依据鼓吹来创制的。

【原文】

汉始有杂歌、艳歌、倚歌、蹈歌，始为相和歌，本讴谣丝竹相和，执节而歌。

【译文】

从汉代起，才出现杂歌、艳歌、倚歌、蹈歌，才出现相和歌，它依凭了讴谣、丝竹之间的互相应和，是打着节奏来唱的。

【原文】

汉武帝立乐府，采诗夜诵，则有赵代秦楚之讴，始以声为主，尚歌。

【译文】

汉武帝建立了乐府机关，从民间采集诗歌在晚上唱诵，有赵国、代国、秦国、楚国的歌谣，这才开始以声音为主，重视唱法。

【原文】

梁武帝本吴歌《白纻（zhù）》，始改《子夜吴声四时歌》。

【译文】

梁武帝依照吴歌中的《白纻》，开始改为《子夜吴声四时歌》。

【原文】

田横从者始为《薤（xiè）露》《蒿里》歌。魏缪袭始以挽歌为辞。郊祀歌，三言四言。谢庄歌《五帝》，三言九言，依五行数。汉歌篇八句转韵[1]。张华、夏侯湛两三韵转。傅玄改韵颇数。王韶之、颜延之始四句转韵，赊促[2]得中。

【注释】

①转韵：亦称“换韵”。诗韵术语。指在一定的语音条件下，两个不同韵部的字可以押韵，可以通用。

②赊促：远近，缓急，长短。

【译文】

田横的随行人员开始创作《薤露》《蒿里》之歌。魏国的缪袭开始为挽歌作辞。郊祀歌，三言、四言的都有。谢庄为《五帝》作辞，三言、九言的都有，以五行为字数的依据。汉代的歌辞每篇八句并转韵。张华、夏侯湛两三句一转韵。傅玄把韵改得太急促。王韶之、颜延之才开始四句一转韵，既不太密也不太疏，最为合适。

阳春白雪

【原文】

《文选》：客有歌于郢（yǐng）中者，始为《下里》《巴人》，国中和者数千人；为《向阳》《薤露》，和者数百人；为《阳春》《白雪》，和者数十人；引商刻羽[1]，杂以流徵[2]，和者不过数人。其曲弥高，其和弥寡。

【注释】

①引商刻羽：商、羽，古代乐律中的两个音名。指讲究声律、有很高成就的音乐演奏。

②流徵（zhǐ）：音调名。

【译文】

《文选·宋玉（对楚王问）》一文说：有人在郢中唱歌，开始唱《下里》《巴人》，闹市中附和歌声的有几千人；再唱《向阳》《薤露》，附和歌声的也有几百人；再唱《阳春》《白雪》，一起唱的只剩下几十人；再唱曲调高古，并间杂以流徵，一起唱的不过数人而已。唱歌的曲调越高，附和的人就越少。

登高作赋

【原文】

古者登高能赋，山川能祭，师旅能御，丧纪能诔①，作器能铭，则可以为大夫矣。

【注释】

①诔（lěi）：哀悼死者的文章。

【译文】

古人若是能登高作诗，对着山川祭祀，领兵能打仗，遇到丧事可作诔文，制作器物可作铭文，那就能算得上大夫了。

五经鼓吹

【原文】

孙绰博学，善属文，绝重张衡、左思赋，每云："《三都》《二京》，五经鼓吹。"

【译文】

孙绰知识渊博，擅长写文章，又很重视张衡、左思的赋，常常说："《三都赋》《二京赋》，此二篇佳作是弘扬五经的作品。"

雕虫小技

【原文】

或问扬子云曰："吾子少而好赋？"曰："然。童子雕虫篆刻。"既而曰："壮夫不为也。"

【译文】

有人问扬雄说："您是从小就喜欢作赋吗？"扬雄回答说："是的。只是孩童时所学的一些雕虫篆刻之类的小技罢了。"然后又接着说："大人就不宜再干这种事了。"

八叉手

【原文】

温庭筠①工赋，每人试作赋，八叉手而八韵成。又言庭筠作赋，未尝起草，一吟一韵，场中号温八吟，亦号温八叉。

【注释】

①温庭筠：（812—866），本名岐，艺名庭筠，字飞卿，并州祁县（今山西省晋中市祁县）人，晚唐时期诗人、词人。

【译文】

温庭筠擅长写赋，每当有人请他作赋，他把手交叉八次，八韵的赋就完成了。还有人说温庭筠作赋，从不打草稿，吟诵一声便可成一韵，考试场中的人都称他为温八吟，也叫温八叉。

书画

兰亭真本

【原文】

王右军写《兰亭记》，韶媚道劲，谓有神助。后再书数十馀帧，俱不及初本。右军传于徽之，徽之传七世孙智永，智永传弟子辨才，辨才被御史萧翼赚入库内，殉葬昭陵。

【译文】

王羲之写《兰亭集序》，既秀美妩媚又道劲有力，似有神人相助。后来再写几十幅，都赶不上第一次所写。王羲之将这幅字传给王徽之，王徽之传给第七代孙子僧人智永，智永传给自己的弟子辨才，辨才被御史萧翼骗走了这幅字，它便进了皇家藏库，后为唐太宗殉葬于昭陵。

草圣草贤

【原文】

唐张旭①善草书，饮酒大醉，呼叫狂走，或以发濡②墨而书，人称之草圣。崔瑗善章草，人称之草贤。

【注释】

①张旭：（675—750），字伯高，一字季明，唐朝吴县（今江苏苏州）人。

②濡：沾湿，润泽。

【译文】

唐代的张旭擅长草书，喝得酩酊大醉后，大喊狂奔，甚至用自己的头发蘸上墨汁写字，人称草圣。崔瑗擅写章草，人们称他为草贤。

家鸡野鹜

【原文】

晋庾翼少时，书与右军[1]齐名，学者多宗右军。庾不忿，《与都人书》云："小儿辈乃厌家鸡，反爱野鹜[2]，皆学逸少书。"

【注释】

①右军：王羲之（303—361），字逸少，东晋时期著名书法家，有"书圣"之称，曾任右将军。

②野鹜：野鸭。

【译文】

晋代的庾翼，年少时的书法就已与王羲之齐名了，但是后来人都学王羲之的书法。庾翼有些不服气，在《与都人书》中说："现在的人竟然不喜欢家鸡，反而艳羡野鸭，都去学习王羲之的书法。"

池水尽黑

【原文】

张奂长子芝，字伯英，好草书，学崔、杜法，家之布帛，必书而后练。临池学书，池水为之尽黑。

【译文】

张芝是张奂的大儿子，字伯英，喜欢写草书，模仿崔瑗和杜度的书法，家里的布帛，一定会写过字后再拿去煮丝再织。他喜欢在池边写字，池子里的水都被墨汁染黑了。

游云惊鸿

【原文】

晋王羲之善草书，论者称其笔势，飘若游云，矫若惊鸿。

【译文】

晋代的王羲之擅长草书，有人说他书写时的笔势宛若游云，矫若惊鸿，书法灵动飘逸。

龙跳虎卧

【原文】

晋王右军善书，人谓右军之书如龙跳天门，虎卧凤阙。

【译文】

晋代的王羲之擅长书法，人们都说王右军的书法就好像龙跳天门，虎卧凤阙。

文具

【原文】

舜始造羊毛笔，鹿毛为柱①。蒙恬始造兔毫笔，狐狸毛为柱。

【注释】

①柱：笔柱，笔头中间的部分。

【译文】

舜造羊毛笔，用鹿毛作笔柱。蒙恬造兔毫笔，用狐狸毛作笔柱。

蒙恬造笔

【原文】

蒙恬①取中山兔毫造笔。右军《笔经》：诸郡毫，惟赵国中山山兔肥而毫长可用。须在仲秋月收之，先用人发杪②数茎，杂青羊毛并兔毛，裁令齐平，以麻纸裹至根令治；次取上毫薄薄布柱上，令柱不见。恬始造笔，以枯木为管，鹿毛为柱，羊皮为被，所谓苍毫。

【注释】

①蒙恬：（前259—前210），姬姓，蒙氏，名恬，祖籍齐国（今山东省临沂市蒙阴县）人，秦朝著名将领。

②发杪（miǎo）：头发末梢。

【译文】

蒙恬取了中山的兔毫来造笔。王羲之《笔经》记载：各地的兔毫中，只有赵国中山一带的山兔的毫毛最适合。采集的时间应在仲秋月，用人的几根发尖，杂以青羊毛和兔毛，将它们裁齐，然后用麻纸裹到根部；再用上等兔毫薄薄地覆盖住笔柱。蒙恬造笔时，用枯木做笔管，用鹿毛做笔柱，羊皮做笔被，这就是所谓的苍毫。

毛锥

【原文】

五代史弘肇曰："安朝廷，定祸乱，直须长枪大戟，若毛锥子①安足用哉？"三司使王章曰："无毛锥子，军赋②何从集乎？"肇默然。

【注释】

①毛锥子：毛笔的别称。

②军赋：旧时指因军事需要征发的赋役。

【译文】

五代时期的史弘肇说："安定朝廷，勘定祸乱，用长枪大戟就能解决，那些细小的笔杆子能有什么大用处呢？"三司使王章说："如果没有那些笔杆子，军费又从何而来呢？"史弘肇哑口无言了。

鸡毛笔

【原文】

岭外少兔，以鸡雉毛作笔亦妙，即东坡所谓三钱鸡毛笔。东坡书《归去来辞》，颇似李北海①，流便纵逸，而少乏遒劲，当是三钱鸡毛笔所书者。

【注释】

①李北海：李邕（678—747），字泰和，也称李括州，唐代书法家，广陵江都（今扬州江都区）人。

【译文】

岭外很少有兔子，用野鸡的毛做笔也很不错，苏轼的三钱鸡毛笔就是用鸡毛做的。苏轼写《归去来辞》，很像李邕，流丽而有逸趣，但唯缺少力度，猜测应当是用三钱鸡毛笔写的。

笔冢

【原文】

长沙僧怀素得草圣三昧，弃笔堆积，埋于山下，曰笔冢。

【译文】

长沙有个叫怀素的僧人自称领悟了草书笔法的奥妙，便将自己扔掉的笔堆到一起，埋在山下，人们称之为笔冢。

右军笔经

【原文】

昔人用琉璃象牙为管，丽饰则有之，然笔须轻便，重则踬①矣。近有人以绿沈漆竹管及镂管见遗，用之多年，颇可爱玩，讵②必金宝雕饰，方为遗乎？

【注释】

①踬（zhì）：碍，阻碍。

②讵（jù）：岂，怎。

【译文】

从前，大家都喜欢用琉璃、象牙做笔管，外表的确好看，但不实用，笔应该以轻便为主，太重就不能顺畅地书写了。近来有人赠给我绿沈漆竹管和镂管的笔，我很喜欢，用了多年，为什么一定要用黄金珠宝去雕饰，才作为馈赠的礼物呢？

梦笔生花

【原文】

李白少时，梦笔头上生花，后天才赡逸，名闻天下。

【译文】

李白少年时代，梦见笔尖上长出了花，后来他作诗的天赋充盈，超越一般人而名闻天下。

笔匣

【原文】

汉始饰杂宝为笔匣，犀象琉璃为管。王羲之始尚竹管。

【译文】

汉代开始用各种宝物来装饰笔匣，用犀角、象牙、琉璃来做笔管。王羲之开始崇尚用竹管。

【原文】

梁简文帝始为笔床，笔四矢为一床。

【译文】

梁简文帝开始做笔床，四支笔为一床。

大手笔

【原文】

唐苏颋①封许国公，张说封燕国公，皆以文章显，称望略等，时号燕许大手笔。

【注释】

①苏颋（tǐng）：（670—727），字廷硕，京兆武功（今陕西武功）人，唐代政治家、文学家。

【译文】

唐代苏颋封为许国公，张说封为燕国公，他们都因写得一手好文章而闻名天下，他俩名声相齐，时人称其为燕许大手笔。

卷九 礼乐部

礼制·婚姻

冠礼

【原文】

古者冠礼，筮[1]曰筮宾，所以敬冠事也。冠乎祚，以著代也。醮[2]于客位，三加弥尊，加有成也。已冠而字之，成人之道也。见于母，母拜之；见于兄弟，兄弟拜之，成人而与为礼也。玄冠玄冕，奠挚[3]于君，遂以挚见于卿大夫、乡先生，以成人见也。

【注释】

①筮（shì）：占卜。

②醮：古冠、婚礼所行的一种简单仪式。尊者对卑者酌酒，卑者接受敬酒后饮尽，不需回敬。

③奠挚：古人相见，位卑者置放挚礼于地，称“奠挚”。

【译文】

古代举行冠礼前，为表示敬重冠礼，首先要通过占卜确定冠礼的日子和为孩子加冠的贤宾。在东边台阶上加冠，以表明辈分。在客位行加冠礼，加三次更显尊贵，加冠表示已成人。加冠后取字是成为成人的途径。拜见母亲，母亲也需向他拜礼；去见兄弟，兄弟也得向他拜礼，以表示成人。戴着黑色的冠帽，拜见君王，拜见卿大夫、乡先生，均用成人之礼来拜见。

婚礼

【原文】

人皇氏始有夫妇之道，伏羲始制嫁娶。女娲氏与伏羲共母，佐伏羲正婚姻，始为神媒。夏后氏始制亲迎礼。秦始皇始娶妇纳丝麻鞋一緉。后汉始聘礼用墨。汉重墨，今答聘用之。始婚礼用羊。巫咸制撒帐厌胜[1]。京房嫁女翼奉子，撒豆谷穰[2]煞。张嘉贞嫁女，制绣幕牵红。唐新妇舆至大门，传席勿履[3]地。晚唐制：新妇上车，以蔽膝盖面。五代始新妇入门跨马鞍。北朝迎婚，十数人大呼，催新妇上舆，妇家宾亲妇女打新郎，喜拳手交下。

【注释】

①厌胜：古代一种巫术，谓能以诅咒制胜，压服人或物。

②穰（ráng）：稻、麦等的秆。

③履：践踩，走过。

【译文】

人皇氏时期开始有了夫妇之道，伏羲开始制定嫁娶诸事。女娲氏与伏羲是同母而生，辅佐伏羲来正婚姻之道，成为主管婚姻的神。夏后氏开始制定迎亲之礼。秦始皇开始规定在娶妻的时候要交纳一双丝麻鞋。后汉开始用墨作聘礼。汉代十分看重墨，便用墨下聘，还开始在婚礼上用羊。巫咸创制出用撒帐压制邪气的巫术。汉代著名易学家京房把其女儿嫁予另一经学家翼奉之子，京房认为结婚那天不是吉日，翼奉便撒豆谷避邪。唐代宰相张嘉贞想把女儿嫁给郭元振，因为女儿众多，便制定出让女儿们藏于绣幕后以牵红丝的办法来确定哪个女儿出嫁。唐代，新娘的轿子到了大门口，席子不可放在地上。晚唐时期是：新娘上了婚车，用蔽膝的布来盖住脸面。五代时期，出现了新娘进夫家门要跨马鞍的习俗。北朝迎亲，十几个人喊着催新娘上轿，妻子娘家的亲戚与宾客中的女子都来打新郎，以示喜庆之意。

昏礼

【原文】

昏礼者，将合二姓之好，上以祀宗庙，而下以继后世也，故君子重之。是以昏礼纳采、问名、纳吉、纳征、请期，皆主人筵几①于庙，而拜迎于门外。入，揖让而升，听命于庙，所以敬慎重、正昏礼也。

【注释】

①筵几：坐席与几案。古代礼敬尊长或祭祀行礼时的陈设。

【译文】

婚礼，是将两家人合为一家人的大喜事，上可以祭祀宗庙，下可以有后人继承，历来受君子重视。婚礼有纳采、问名、纳吉、纳征、请期等几个步骤，都需要在庙中办筵席，在门外应宾客。进门后，先作揖，再升堂，听从庙中的命令，经过这些敬谨而又隆重的步骤，称为昏礼。

见舅姑

【原文】

夙兴①，妇沐浴以俟见。质明，赞见妇于舅姑②，妇执笲③枣栗、段脩（xiū）以见，赞醴④妇。妇祭脯、祭醴，成妇礼也。舅始入室，妇以特豚馈，明妇顺也。

【注释】

①夙兴：早起。

②舅姑：古代指公婆。

③笲（fán）：古代一种圆形竹器。

④醴（lǐ）：甜酒。

【译文】

新娘早早起来洗漱后等着接见。等到天亮了，赞礼者引着新娘去拜见公婆，新娘要端着一筐枣子、栗子等干果和干肉来参见，赞礼给新娘斟上酒。新娘向上祭上肉干和酒，这就是新娘的拜见之礼。公公进入室内，新娘献上好的猪肉，以表示新娘的孝顺。

四德三从

【原文】

是以古者妇人先嫁三月，祖庙未毁，教于公宫①；祖庙既毁，教于宗室②，教以妇德、妇言、妇容、妇功。教成祭之，牲用鱼，芼③之以藻，所以成妇顺也。三从，谓妇人在家从父，出嫁从夫，夫死从子。

【注释】

①公宫：帝王的宫殿。

②宗室：对君主父系男性血亲的称呼。

③芼（mào）：扫取，拔。

【译文】

古代女子出嫁前的三个月，如果祖庙还在，应当在君王的宫中教育她，如果祖庙已毁，则在宗室的宫中教育她，教的内容是四德，即妇德、妇言、妇容、妇功。然后再进行祭祀，用鱼伴着海藻献神，以此教育妻子顺从丈夫。三从，指的是女子在家里从父，出嫁后顺从丈夫，丈夫死后要顺从儿子。

门楣

【原文】

唐玄宗宠礼杨氏，其从兄国忠加御史大夫，铦鸿胪卿，女兄弟韩国、虢（guó）国、秦国三夫人。时谣曰："男不封侯女作妃，君看女却为门楣。"

【译文】

唐玄宗宠爱杨贵妃，对贵妃的家人也十分优待，封杨贵妃的堂兄杨国忠为御史大夫，封杨铦为鸿胪卿，姐妹们也分别封为韩国夫人、虢国夫人、秦国夫人。有民谣说："男不封侯女作妃，君看女却为门楣。"

礼制·丧事

丧礼

【原文】

黄帝始制棺椁①。周公制翣②。周制俑。虞卿制桐人。左伯桹制明衣。史佚制下殇棺衣。夫差为冥帽，而始制面帛。夏制明器。五代制灵座前看果。舜制吊礼。晋制，吊客至丧家鸣鼓为号。巫咸制纸钱。汉祷神瘗钱③。王玙（yú）始丧祭焚纸钱。周制方相先驱。汉制魌头④，俗开路显道神。始嫘（léi）祖道死，嫫母监护因制。商始制铭旌以书姓名。魏始书号。后汉始制墓碑，为文字辨识。黄帝封京观，始制墓。

【注释】

①棺椁（guǒ）：棺材和套棺（古代套于棺外的大棺），泛指棺材。

②翣（shà）：古代出殡时的棺饰。

③瘗（yì）钱：陪葬的钱币。

④魌（qī）头：古时打鬼驱疫时扮神者所戴的面具。

【译文】

黄帝最早发明了棺椁。周公发明了棺材的装饰扇。周代发明了陶俑来陪葬。虞卿发明了殉葬的桐木偶。左伯桅发明了明衣。史佚发明了下殇的棺衣。夫差发明了冥帽和盖在死者脸上的面帛。夏代发明了专门用于随葬的明器。五代发明了灵座前以木、土、蜡等制作的供祭祀或观赏用的果品。舜制定了吊祭之礼。晋代的制度，吊丧的客人到有丧事的人家要鸣鼓为号。巫咸发明了纸钱替代真正的钱。汉代向神祈祷要埋钱。王玙开始在丧事祭奠中烧纸钱。周代的制度是在丧事中要驱除疫鬼和山川精怪的神灵方相来作为丧事的前驱。汉代的制度则改为戴了面具的魌头，俗称开路显道神。这始于嫘祖于路边的死亡，嫫姆监护时所制定。商代开始用铭旌来书写死者的姓名。魏国时出现书写死者的字号。后汉开始制作墓碑，用于刻文字和易于辨识的东西。黄帝建立京观，才开始制作坟墓。

服制

【原文】

黄帝始制丧礼。禹始制五服①。尧始定三年丧，父斩衰，母齐衰。

【注释】

①五服：是古代的丧服等级，源于我国，后传至日本、朝鲜、越南，是居丧的衣服制度。

【译文】

黄帝最早制定丧礼。禹制定了以亲疏为差等的五种丧服。尧最早制定三年的守丧期，如果是父亲去世，要穿粗麻布制成且左右和下边不缝的丧服，而为母亲服丧要穿粗麻布制成但左右和下边缝齐的丧服。

丧礼五服

【原文】

斩衰①三年，子为父母。女在室，并已许嫁者，及已嫁被出而反在家者，与子之妻同。子为继母，为慈母，为养母，子之妻同。庶子为所生母，为嫡母，庶子之妻同。为人后者与妻同，嫡孙为祖父母、高曾父母，承重同。妻为夫，妾为家长同。

【注释】

①斩衰：旧时五种丧服中最重的一种。用粗麻布制成，左右和下边不缝。

【译文】

儿子为父母守丧一般要穿着斩衰三年。女儿若没有出嫁，或已经有婚约但未出嫁，或是出嫁被休在家的，服丧应当同儿子的妻子一样。儿子为继母、为慈母、为养母也用斩衰，其妻子也一样。庶子为自己的生母，为名分上的嫡母也用斩衰，庶子的妻子一样。上门继承人家香火的女婿同妻子一样。嫡孙为自己的祖父母、高曾父母用斩衰，若儿子比父亲先死，则由孙子承受宗庙与丧祭的重任，同样用斩衰。妻子为丈夫用斩衰，妾为家长也相同。

盖棺论定

【原文】

晋刘毅云："丈夫盖棺论方定。"

【译文】

晋代的刘毅说："大丈夫进了棺材后才能确定对他的评论。"

素车白马

【原文】

范式巨卿、张劭（shào）元伯相与为友。元伯卒，式梦劭呼曰："巨卿，吾已某日死，某日葬。"式驰往赴之。未及到而劭已发引。将至圹①，而柩②不前。其母曰："元伯，岂有望耶？"停柩。移时③，乃见素车白马，号哭而来。母曰："是必范巨卿也。"式因执绋④而引。其柩乃前。

【注释】

①圹（kuàng）：墓穴，亦指坟墓。

②柩（jiù）：装着尸体的棺材。

③移时：经历一段时间。

④执绋（fú）：送葬时帮助牵引灵车，后来泛指送葬。

【译文】

范式和张劭是好朋友。张劭死后，范式梦见张劭喊他说："巨卿兄，我已在某日离世，某日要下葬。"范式连忙驾车去吊唁。还没到达，张劭的葬礼已经开始。等到了墓前要埋葬的时候，棺材却怎么也移不动。他的母亲说："元伯啊，你还有什么愿望没有实现吗？"便停下移动棺材。过了一会儿，便看到素车白马，有人大哭着来了。他的母亲说："这一定是范巨卿。"范式拉着棺材的大绳往前移动，棺材这才向前移动。

归见父母

【原文】

陈尧佐①临终，自志其墓，曰：有宋颍川生尧佐，字希先，年八十二不为夭，官一品不为贱，卿相纳录不为辱祖，可归见父母栖神之域矣。

【注释】

①陈尧佐：北宋大臣、书法家、画家。

【译文】

陈尧佐临终时，给自己写了墓志铭：大宋颍川书生陈尧佐，字希先，年纪八十二，已经不算夭折；官居一品，也不算低贱；卿相纪录中都有名字，也不算污辱祖先，可以到灵魂栖息的地方去见父母了。

礼制·祭祀

祭法

【原文】

有虞氏禘①黄帝而郊喾，祖颛顼而宗尧。夏后氏亦禘黄帝而郊鲧（gǔn），祖颛顼而宗禹。殷人禘喾而郊冥，祖契而宗汤。周人禘喾而郊稷，祖文王而宗武王。

【注释】

①禘（dì）：古代帝王或诸侯在始祖庙里对祖先的一种盛大祭祀。

【译文】

有虞氏用禘礼祭祀黄帝，用郊礼祭祀帝喾，庙祭则以颛顼为祖以尧帝为宗。夏后氏也用禘礼来祭祀黄帝，用郊礼来祭祀鲧。庙祭则以颛顼为祖而以大禹为宗。殷人用禘礼来祭祀帝喾，用郊礼来祭祀冥，庙祭则以契为祖而以汤为宗。周人用禘礼来祭祀帝喾，用郊礼来祭祀稷，庙祭则以文王为祖而以武王为宗。

九祭六器

【原文】

《周礼》：太祝掌办九祭六器。六器者，苍璧、黄琮（cóng）、青珪、赤璋、白琥、玄璜。九祭，一曰命，二曰衍，三曰炮，四曰庙，五曰振，六曰擩（rǔ），七曰绝，八曰燎，九曰共。

【译文】

《周礼》记载：太祝的职责是办理九祭六器。六器，指的是苍璧、黄琮、青珪、赤璋、白琥、玄璜。九祭，一叫作命，二叫作衍，三叫作炮，四叫作庙，五叫作振，六叫作擩，七叫作绝，八叫作燎，九叫作共。

郊祀

【原文】

燔柴①于泰坛，祭天也。瘗埋②于泰折，祭地也。用骍犊③。

【注释】

①燔（fán）柴：古代祭天仪式，将玉帛、牺牲等置于积柴上而焚之。

②瘗（yì）埋：古代祭地礼仪之一。

③骍（xīng）犊：赤色的牛犊。古代祭祀所用。

【译文】

把玉帛、牺牲等置于积柴上而焚之于泰坛，这是祭天的仪式。把这些东西埋于城北祭地的泰折，这就是祭地仪式。祭祀的牲畜要用红色的牛犊。

六宗

【原文】

埋少牢①于泰昭，祭时也。祖迎于坎坛，祭寒暑也。王宫祭日也。夜明祭月也。幽宗祭星也。云宗祭水旱也。

【注释】

①少牢：古代祭祀用羊和猪做祭品称少牢。

【译文】

把羊、猪两种祭品埋在泰昭，是祭祀季节之礼。在坎坛前祖祭，这是祭寒暑的礼节。在日坛的王宫之祭，是祭日的礼节。在月坛的夜明之祭，是祭月的礼节。幽宗之祭是祭星的。云宗之祭是祭水旱的。

五畤祠

【原文】

青帝曰密畤①祠，黄帝曰上畤祠，炎帝曰下畤祠，白帝曰畦畤祠，黑帝曰北畤。

【注释】

①畤（zhì）：古代祭祀天地五帝的固定处所。

【译文】

祭祀青帝的叫密畤祠，祭祀黄帝的叫上畤祠，祭祀炎帝的叫下畤祠，祭祀白帝的叫畦畤祠，祭祀黑帝的叫北畤。

五祀

【原文】

春祀户，夏祀灶，秋祀门，冬祀行，季夏祀中霤。

【译文】

春季祭祀户，夏季祭祀灶，秋季祭祀门，冬季祭祀行，季夏祭祀土神。

七祀

【原文】

王立七祀，曰司命、曰中霤、曰国门、曰国行、曰泰厉、曰户、曰灶。诸侯五祀，曰司命、曰中霤、曰国门、曰国行、曰公厉。大夫三祀，曰族厉、曰门、曰行。士二祀，曰门、曰行。庶人一祀，或立户，或立灶。

【译文】

皇帝有七祀，即宫中之神司命、土神、国门、国行、古帝王无后之鬼、户、灶。诸侯有五祀，即宫中之神司命、土神、国门、国行、古诸侯无后之鬼。大夫有三祀，即古大家族无后之鬼、门、行。士人二祀，即门、行。庶人一祀，或立户，或立灶。

八蜡

【原文】

天子大蜡①八：一先啬，二司啬，三农，四邮表畷（zhuì），五猫虎，六坊，七水庸，八昆虫。

【注释】

①蜡（zhà）：古代年终的一种祭祀名。

【译文】

天子有八种大型的蜡祭：一是先啬，二是司啬，三是农，四是邮表畷，五是猫和虎，六是坊，七是水庸，八是昆虫。

祭主

【原文】

天子祭天地、祭四方、祭山川、祭五祀，岁遍。诸侯方祀，祭山川、祭五祀，岁遍。大夫祭五祀，岁遍。士祭其先。

【译文】

天子每年都要祭祀天地、四方、山川、五祀。诸侯则每年各祭其一方的神祇，祭山川、祭五祀即可。士大夫要每年祭五祀。士人只祭其祖先。

祭孔庙

【原文】

唐玄宗始封孔子王号。宋太祖始诏孔子庙立戟，仁宗始诏用祭歌，徽宗始从蒋靖请用冕十二旒、服九章。汉武帝始封孔子后为侯奉祀。成帝始谥孔子后。周始诏孔子后为曲阜令。宋仁宗始诏孔子后为衍圣公。

【译文】

唐玄宗最早给孔子封了王的称号。宋太祖开始下诏在孔子庙中立戟，宋仁宗开始下令使用祭歌，宋徽宗开始听从蒋靖的奏请用有十二条垂饰的礼冠、有九种花纹的礼服。汉武帝开始封孔子的后人为侯来奉命祭祀。汉成帝开始为孔子后人封谥号。北周开始下诏让孔子后代做曲阜令。宋仁宗开始下诏封孔子后人为衍圣公。

乐律

历代乐名

【原文】

黄帝作《咸池》，颛顼作《六英》，帝喾作《五茎》，尧作《大章》，舜作《大韶》，禹作《大夏》，汤作《大濩》，武王作《大武》。

【译文】

黄帝创作了《咸池》，颛顼创作了《六英》，帝喾创作了《五茎》，尧创作了《大章》，舜创作了《大韶》，禹创作了《大夏》，汤创作了《大濩》，武王创作了《大武》。

五音

【原文】

宫为君，商为臣，角为民，徵为事，羽为物，五者不乱，则无怗懘①之音矣。宫乱则荒，其君骄；商乱则陂②，其臣坏；角乱则忧，其民怨；徵乱则哀，其事动；羽乱则危，其财匮。五者皆乱，迭相陵，谓之慢，如此则国之灭亡无日矣。

【注释】

①怗懘（tiē chì）：音调不和谐。

②陂（pō）：倾斜。

【译文】

宫象征君王，商象征臣子，角象征民众，徵象征事情，羽象征物品，这五者若不混乱，则天下就没有不和谐的音律。若宫音混乱就会流于散漫，是因为君主骄惰；商音混乱就会流于邪僻，是因为臣子的败坏；角音混乱就会流于忧伤，是因为民众有怨恨；徵音混乱就会流于悲哀，是因为劳役过多；羽音混乱就会流于危险，是因为财物匮乏。如果五音相互侵犯，这就是轻慢，如此这样，国家便不能长久了。

六声

【原文】

钟声铿，铿以立横，横以立武。君子听钟声，则思武臣。石声磬，磬以立辨，辨以致死。君子听磬声，则思死封疆之臣。丝声哀，哀以立廉，廉以立志。君子听琴瑟之声，则思志义之臣。竹声滥，滥以立会，会以聚众。君子听竽笙箫管之声，则思畜聚之臣。鼓鼙之声欢，欢以立动，动以进众。君子听鼓鼙之声，则思将帅之臣。君子之听音，非听其铿锵而已也，彼亦有所合之也。

【译文】

钟的声音铿锵有力，可以使人气势勃发，气势又能激起勇武之心。君子听到钟声，就会想起武将。石磬的声音刚劲有力，表示节义分明，能使人献身。君子听到石磬的声音，会想到戍守边疆、为国献身的将士。丝弦的声音听起来有些悲哀，这能使人正直，充满志气。君子听到琴瑟的声音，会想到有志气的臣子。竹管可以发出多种声音，多种声音可以会合，会合则能使众人集聚。君子听到竽、笙、萧、管的声音，便会想起能集聚民众的臣子。鼓鼙之声很欢腾，听到会让人激动，催人奋进。君子听到鼓鼙的声音，就会想起统率大军的将军。君子听音乐，不仅仅是在听音乐本身，还要能从中产生联想和共鸣。

高山流水

【原文】

伯牙[1]鼓琴，钟子期[2]听之。伯牙志在高山，子期曰："善哉，峻若嵩岳！"伯牙志在流水，子期曰："善哉，泻若江河！"子期死，伯牙破琴绝弦，终身不复鼓琴。

【注释】

①伯牙：春秋战国时期楚国郢都（今湖北荆州）人。虽为楚人，却任职晋国上大夫，且精通琴艺。

②钟子期：（前387—前299），名徽，字子期。春秋战国时代楚国汉阳（今湖北省武汉市蔡甸区集贤村）人。

【译文】

伯牙弹琴，钟子期在一旁专心听琴。伯牙弹奏时心里想到了高山，子期说："这琴音宛如高耸的嵩山！"伯牙心里想到了流水，子期说："这琴音又宛若奔腾的江河！"后来钟子期死了，伯牙没有了懂得他的知音，便摔断了琴弦，从此不再弹琴。

焦尾

【原文】

蔡中郎[1]在吴。吴人烧桐以爨[2]，中郎闻其火爆声曰："良木也。"请截为琴，果有美音。其尾犹焦，因名其琴曰焦尾琴。

【注释】

①蔡中郎：即蔡邕（133—192），字伯喈，陈留圉（今河南杞县）人。东汉文学家、书法家。

②爨（cuàn）：烧火做饭。

【译文】

蔡邕在吴地时，听到吴地人用桐木烧火散发出的声音，说："这是块好木头啊。"然后请求截一段给他做琴，做完后果然有非常优美的声音。琴尾还是焦的，所以给这个琴起名叫焦尾琴。

相如琴台

【原文】

司马相如①有琴台，在浣溪正路金花寺北，魏伐蜀，于此下营掘堑，得大瓮二十馀口，以响琴也。

【注释】

①司马相如：（前179—前118），字长卿，蜀郡成都人，祖籍左冯翊（yì）夏阳（今陕西韩城南），侨居蓬州（今四川蓬安）。西汉辞赋家，中国文化史文学史上杰出的代表。

【译文】

司马相如在浣花溪正路的金花寺北边有琴台，魏国讨伐蜀国时，曾在此地安营挖筑工事，挖到二十余口大缸，这是用来扩大琴声的。

斫琴名手

【原文】

晋雷威、雷珏、雷文、雷迅、郭亮并蜀人，沈镣（liào）、张钺（yuè）并江南人，皆斫琴①名手。

【注释】

①斫（zhuó）琴：对中国民族乐器进行精工细作的一种工艺技术。

【译文】

晋代的雷威、雷珏、雷文、雷迅、郭亮都是蜀地人，沈镣、张钺都是江南人，都是有名的制琴高手。

无弦琴

【原文】

陶渊明①不解琴，畜素琴一张，弦徽不具，常抚摩之，曰："但识琴中趣，何劳弦上声。"

【注释】

①陶渊明：（365—427），字元亮，又名潜，私谥"靖节"，世称靖节先生，浔阳柴桑（今江西省九江市）人。东晋末至南朝宋初期伟大的诗人、辞赋家。

【译文】

晋代陶渊明不会弹琴，但是却收藏了一张素琴，弦、徽都没有，他经常抚摩着琴说："但识琴中趣，何劳弦上声。"

卷十 兵刑部

军旅

【原文】

黄帝征蚩尤始战，颛顼诛共工始阵，风后始演奇图，力牧始创营垒。黄帝战涿（zhuō）鹿始征兵，禹征有苗始传令，纣御周师始戍守。

【译文】

黄帝征讨蚩尤，开始有了战争；颛顼诛杀共工，开始有了阵势；风后开始作奇异的阵图，力牧开始创建营垒。黄帝在涿鹿大战才开始征兵；大禹征讨有苗，出现了传令；商纣王抵御周的军队，才有了戍守。

五兵

【原文】

矛、戟、戈、剑、弓谓之五兵。

【译文】

矛、戟、戈、剑、弓叫作五兵。

专主旗鼓

【原文】

吴起①临战，左右进剑，起曰："将专主旗鼓，临难决疑，挥兵指刃，此将事也。一剑之任，非将任也。"

【注释】

①吴起：（前440—前381），战国初期军事家、政治家、改革家，兵家代表人物。

【译文】

大战在即，吴起手下的人给他献上一把剑，吴起说："将帅应当专心用旗鼓指挥军队，面临困难要能够快速决断，指挥兵士与其手中的武器，这才是将帅的事。拿一把剑上阵杀敌，不是将帅该做的事。"

纶巾羽扇

【原文】

诸葛武侯与司马懿①治军渭滨，克日夜战。司马懿戎服莅事②，使人视武侯独乘素车，纶巾羽扇，指挥三军，随其进止。司马懿叹曰："诸葛君可谓名士矣！"

【注释】

①司马懿：（179—251），字仲达，河内郡温县孝敬里（今河南省焦作市温县）人。三国时期魏国杰出的政治家、军事家、战略家，西晋王朝的奠基人。

②莅事：视事，处理公务。

【译文】

诸葛亮与司马懿在渭水之侧驻兵，约定日期进行夜战。身穿军服的司马懿去处理军务，命手下人去看诸葛亮的行动，只见他一人乘着车，戴着纶巾帽，手里摇着鹅毛扇，指挥三军的进退。司马懿赞叹说："诸葛亮可谓是真正的名士了！"

金钩

【原文】

阖闾[1]既宝莫邪，复令国中作金钩，令曰："能为善钩者赏千金。"有人贪赏，乃杀其二子，以血衅金，遂成二钩，献之，王曰："钩有何异？"曰："臣之作钩，贪赏而杀二子，衅以成钩，是与众异。"遂向钩而呼二子之名，曰："吴鸿、扈稽，我在此！"声未绝，而两钩俱飞，著父之胸。吴王大惊，乃赏之。遂服之不去身。

【注释】

①阖闾（hé lǘ）：（？—前496），一作阖庐，姬姓，名光，又称公子光，春秋末期吴国君主，军事统帅。公元前514年至公元前496年在位。

【译文】

吴王阖闾把莫邪宝剑视若珍宝，又在国内悬赏能做金钩之人，传令说："若能做成金钩，赏赐千金。"有个人贪图赏赐，将自己的两个儿子杀了，把他们的血涂在金属上，做成两个金钩，献给了吴王，吴王说："这钩有什么特别之处呢？"回答说："我贪图赏赐，为了作出金钩，杀了我两个儿子，把血涂在金属上做成的，所以与其他的钩不一样。"那人对着钩叫自己两个儿子的名字，说："吴鸿、扈稽，我在这里！"声音还未落，两只钩便飞了起来，停在父亲的胸膛上。吴王大吃一惊，收了钩，赏赐了他。后来，吴王一直佩带这两把钩，从不离身。

七制

【原文】

兵法七制，一曰征、二曰攻、三曰侵、四曰伐、五曰阵、六曰战、七曰斗。

【译文】

兵法有七制，一叫作征服，二叫作攻打，三叫作侵略，四叫作讨伐，五叫作列阵，六叫作大战，七叫作争斗。

挟纩

【原文】

楚子围萧，申公巫臣①曰："师人多寒。"王巡三军，拊②而勉之，三军之士皆如挟纩③。

【注释】

①申公巫臣：姓屈，名巫臣，字子灵。春秋时楚国人，楚国宗室后裔，有才干，曾辅佐楚庄王。

②拊：拍。

③挟纩（jiā kuàng）：披着绵衣。亦比喻受人抚慰而感到温暖。

【译文】

楚国军队包围了萧国，申公巫臣对楚王说："兵士们都很冷。"楚王便巡视三军，拍着士兵们的肩膀来勉励他们，三军兵士受到鼓舞，感觉像穿了棉衣一样。

刑法

【原文】

郑铸《刑书》，晋作《执秩》，赵制《国律》，楚作《仆区》，皆法律之名也。仆，隐也；区，匿也；作为隐匿亡人之法。

【译文】

郑国制订了《刑书》，晋国制作了《执秩》，赵国制作了《国律》，楚国制作了《仆区》，这些都是法令律条。仆，即隐的意思；区，即藏匿的意思；这是为隐匿逃亡者制定的法令。

历代狱名

【原文】

夏狱曰夏台，商狱曰羑（yǒu）里，周狱曰囹圄（líng yǔ），汉狱曰请室。

【译文】

夏朝的监狱名叫夏台，商朝的监狱名叫羑里，周朝的监狱名叫囹圄，汉朝的监狱名叫请室。

五听

【原文】

《周礼》：少司寇以五声听讼狱，一曰辞听，二曰色听，三曰气听，四曰耳听，五曰目听。

【译文】

《周礼》记载：少司寇用五种方法听取陈述而作裁断：一是听他的言辞，二是观察他的脸色，三是观察他的呼吸，四是测试他听别人说话的反应，五是看他的眼睛。

三刺

【原文】

听讼者以三刺，一刺曰讯群臣，二刺曰讯群吏，三刺曰讯万民。

【译文】

审判重大案子时，断案者应听取三方的意见：一是向群臣询问，二是向群吏询问，三是向万民询问。

古刑

【原文】

墨、劓（yì）、剕（fèi）、宫、大辟，其后加流、赎、鞭、朴为九刑。

【译文】

墨（以刀刺面并染黑为记）、劓（割鼻）、剕（断足）、宫（损坏生殖器的刑罚）、大辟（死刑），后来又增加了流放、赎买、鞭打、朴击，合称九刑。

古刑名

【原文】

城旦、舂①：城旦者，旦起行治城；舂者，舂米。四岁刑也。鬼薪、白粲：取薪给宗庙为鬼薪；坐择米使正白为白粲。三岁刑也。

【注释】

①舂（chōng）：把东西放在石臼或乳钵里捣掉皮壳或捣碎。

【译文】

城旦、舂：城旦，即早上起来去修理城墙；舂，就是舂米。此两种刑罚都是四年。鬼薪、白粲：鬼薪，即打柴给宗庙；白粲就是坐着把白米都挑选出来。此两种刑罚都是三年。

五毒

【原文】

械颈足曰桁（háng）杨，械颈曰荷校，械手足曰桎梏，锁系曰锒铛，鞭笞曰榜掠。考逼曰五毒俱备，言五刑皆用也。

【译文】

给脖子和脚带上枷锁叫作桁杨，只给脖子带枷锁叫荷校，给手足都带上枷锁叫桎梏，用锁链绑着叫锒铛，用鞭子抽打叫作榜掠。拷打逼供叫作五毒俱备，是说五种刑罚都使用了。

三木

【原文】

三木者谓杻械枷锁及手足也。

【译文】

三木是指各种枷锁拷住脖子和手足的方式。

三宥

【原文】

一宥①曰不识，二宥曰过失，三宥曰遗忘。

【注释】

①宥：宽容，饶恕，原谅。

【译文】

第一种可以宽恕的情况是不知道，第二种可以宽恕的情况是不小心而有过失，第三种可以宽恕的情况是遗忘。

爰书

【原文】

爰（yuán），换也，以文书代换其口辞也。

【译文】

爰，即更换之意，用文书代替他的口供。

末减

【原文】

罪从轻也。末，薄也；减，轻也。

【译文】

定罪从轻处理。末，就是薄的意思；减，就是轻的意思。

卷十一 日用部

宫室

【原文】

有巢氏始构木为巢。古皇氏始编槿为庐。黄帝始备宫室。黄帝制庭、制楼、制阁、制观。神农制堂。燧（suì）人氏制台。黄帝制榭。尧制亭。汉宣帝制轩。唐虞制宅。周制房、制第。汉制邸。六朝后始加听事为厅。秦孝公始制殿，乃有陛。萧何治未央宫，立东阙、北阙，始沿名阙。梁朱温按《河图》制五凤楼。魏始制城门楼，名丽谯。张说制京城鼓楼。鲧（gǔn）作城郭。禹作宫室。

【译文】

有巢氏最早用木头搭建成巢。古皇氏最早用木槿编制成为草庐。黄帝最早建造宫室。黄帝创制了庭院、楼、阁、观。神农创制了堂。燧人氏制作了台。黄帝制作了榭。尧帝制作了亭。汉宣帝制作了轩。唐虞制作了宅。周朝开始有了房子和府第。汉代创制了邸。六朝后开始增加了听事作为厅。秦孝公首先制作殿，于是也便有了陛。萧何建造未央宫，立了东阙、北阙，这才有了后代相沿而名的阙。后梁朱温按照《河图》制作了五凤楼。魏首先制作城门楼，名叫丽谯。张说建造了京城的鼓楼。鲧建造了城郭。禹建造了宫室。

平泉庄

【原文】

李赞皇①平泉庄周回十里，建堂榭百馀所，天下奇花、异卉、怪石、古松，靡不毕致。自作记云："鬻②平泉者，非吾子孙也！以一石一树与人者，非佳子弟也！吾百年后，为权势所夺，则以先人所命泣而告之。"

【注释】

①李赞皇：指李德裕（787—849），字文饶，唐代赵郡赞皇（今河北赞皇县）人，与其父李吉甫均为晚唐名相。

②鬻（yù）：卖。

【译文】

李德裕在周长有十里的平泉庄建了上百所堂榭，收罗了天下的奇花、异卉、怪石、古松。他记文说："如果把我的平泉庄卖了，就不是我的子孙！若是把平泉庄中的一石一树给了他人，也不是我这个家族好的后代！若是我死后，有权势的人强占了我的平泉庄，那就哭着将祖先的话告诉他吧。”

高阳池

【原文】

汉侍中习郁①于岘山南，依范蠡②养鱼法作鱼池，池边有高堤，种竹及长楸（qiū），芙蓉缘岸，菱芡覆水，是游燕③名处。山简④每临此池，未尝不大醉而返，曰：“此是我高阳池也。”

【注释】

①习郁：字文通，襄阳人，曾任侍中一职。

②范蠡：（前536—前448），字少伯，春秋时期楚国宛地三户（今河南淅川县滔河乡）人。春秋末著名的政治家、军事家、经济学家和道家学者。

③游燕：游乐。

④山简：（253—312），字季伦。西晋时期名士，司徒山涛第五子。

【译文】

汉代的习郁任侍中一职时，在岘山之南依照范蠡养鱼的方法建了鱼池，池边有高堤、竹子、长楸，岸边种有芙蓉花，水面上满是菱芡，这里是有名的游玩之地。西晋的山简每次来这里游玩，都会大醉了才回去，他说：“这是我的高阳池啊。”

迷楼

【原文】

隋炀帝无日不治宫室，浙人项昇进新宫图，大悦，即日召有司庀材鸠工①，经岁而就，帑藏②为之一空。帝幸之，大喜曰：“使真仙游其中，亦当自迷也。”因署之曰迷楼。

【注释】

①庀（pǐ）材鸠工：庀，准备，具备。召集工匠，准备材料。

②帑藏（tǎng cáng）：国库。

【译文】

隋炀帝整天想着建造宫室，浙江人项昇向隋炀帝进献了一幅新宫图，隋炀帝十分高兴，当天就命人着手备办材料、召集工匠。建成宫室用了一年的时间，但国库也一下子空虚了。炀帝高兴地驾车前往游玩，他说：“即使是神仙在此处游玩，也会迷路的。”所以题名叫作迷楼。

水斋

【原文】

羊侃①性豪侈。初赴衡州，于两艖②起三间水斋，饰以珠玉，加以锦缋，盛设围屏，陈列女乐。乘潮解缆，临波置酒，缘塘倚水。观者填塞。

【注释】

① 羊侃：（496—594），字祖忻，泰山梁父（今山东泰安东南）人，南北朝时期南梁名将。

②艖（chā）：小船。

【译文】

南梁的羊侃性格豪放又性喜奢侈。初到衡州上任，便命人在两个小船之间建起了三间水斋，用珠玉和锦缎装饰，还多处设置围屏，陈列歌舞之女伎。若有潮水，就解开缆绳，在波涛旁饮酒作乐。围观的人很多，都堵住了道路。

黄鹤楼

【原文】

晋时有酒保姓辛，卖酒江夏，有道士就饮，辛不索钱，如此三年。一日，道士饮毕，以橘皮画一鹤于壁，以箸招之即下舞，嗣是贵客皆就饮，辛遂致富，乃建黄鹤楼。后道士骑鹤而去。

【译文】

晋朝，有一个姓辛的酒保在江夏卖酒，有一个道士来喝酒，他从不收钱，就这样过了三年。有天，道士喝完酒，用橘子皮在墙上画了一只仙鹤，如果有人用筷子招呼它，仙鹤就从墙壁上出来跳舞，此后，酒保的店贵客盈门，他也很快致富，于是建了一座黄鹤楼。后来道士骑鹤而去。

滕王阁

【原文】

滕王，唐高帝之子，武德中出为洪州刺史，喜山水，酷爱蝴蝶，尤工书，妙音律。暇日泛青雀舸，就芳渚①建阁登临，仍以王名阁焉。

【注释】

①渚：水中小块陆地。

【译文】

滕王是唐高祖的儿子，武德年间出任洪州刺史，喜爱山水蝴蝶，尤其擅长书法，懂音律。闲暇之余驾着青雀舸，在漂亮的河中小岛上建造了楼阁，仍用滕王的名字来命名。

绿野堂

【原文】

唐裴度①以东都留守加中书令，不复有经世之意，乃治第东都集贤里，名绿野堂，竹木清浅，野服②萧散。

【注释】

①裴度：（765—839），字中立，唐代中期杰出的政治家、文学家。

②野服：村野平民服装。

【译文】

唐代的裴度官在东都留守，任职中书令，此时的他已经不再有治理天下的想法了，便在洛阳的集贤里建了一所府第，名叫绿野堂，堂中树木青翠，人也都穿着村野平民的服装，闲散舒适。

华林园

【原文】

梁简文帝①入华林园，顾谓左右曰："会心处政不在远，翳然②林木，便自有濠、濮间③想，觉鸟兽禽鱼自来亲人。"

【注释】

①梁简文帝：萧纲（503—551），字世缵，南兰陵（今江苏武进）人，梁武帝萧衍第三子，南北朝时期梁朝皇帝、文学家。

②翳然：形容隐蔽。

③濠濮间：指闲适无为、逍遥脱俗的情趣。

【译文】

梁简文帝进入华林园，对后面的随从说："对山水风光领悟于心的人不必去刻意寻找深幽的景象，林木幽深，便让人自然而然地产生隐居于濠水、濮水之间的想法，想来觉得连鸟兽禽鱼都来与人亲近。"

衣冠

冠

【原文】

辰氏始教民绹发闟①首。尧始制冠礼。黄帝始制冠冕。女娲氏始制簪导。尧始制缨。伏羲始制弁②，用皮韦。鲁昭公始易绢素。周公始制幅巾。汉末始尚幅巾，制角巾。晋制接诸巾及葛巾，始以巾为礼。秦始皇加武将袢（péng）袙（pà），以别贵贱，始为帻（zé）。汉元帝额有壮发，始服帻。王莽秃，加屋帻上，始为头巾。古无巾，止用幂（mì）尊罍③。

【注释】

①闇（sàn）：覆盖。

②弁（biàn）：古代的一种帽子。

③尊罍（léi）：泛指酒器。

【译文】

辰氏最早开始教民众把头发编起来并用帽子来覆盖头部。尧首先制定戴帽子的礼仪。黄帝最早制作了冠冕。女娲氏首先制作簪导。尧开始制作冠缨。伏羲开始使用熟牛皮制作弁。鲁昭公第一个换用白色的绢布。周公开始创制了幅巾。汉末开始流行幅巾，并创制了角巾。晋代创制了接诸巾和葛巾，并开始用巾来作为礼品。秦始皇为武将加了袢袙，用以区别贵贱的品级，最早创制了扎发的帻。汉元帝的额前有丛生突下的头发，便开始使用帻。王莽因为头秃无发，开始在帻上加屋，开始用头巾。古代没有头巾，古代的巾只用来覆盖容器。

帽

【原文】

荀始制帽，舜制帽冠。汉成帝始制贵臣乌纱帽，后魏迄隋因之。唐太宗始制纱帽，为视事见宾，上下通用。秦汉始效羌人制为毡帽。晋始以席为骨而挽之，制席帽。隋始制帷帽障尘，为远行，用皂纱连幅缀油帽及毡笠前。唐制大帽，后魏孝文始赐百官。魏文帝始赐百官立冬暖帽。今赐百官暖耳，本此。

【译文】

黄帝的大臣荀始创制了帽子，舜制作了帽冠。汉成帝始作尊贵之臣的乌纱帽，后来从魏到隋都在使用。唐太宗始制纱帽，为临朝理事或会见来宾，上下都通用。秦、汉仿效羌人制作毡帽。晋代开始用席做帽骨撑起帽子，制作席帽。隋朝始创了帷帽用以阻挡尘土，用以远行，用黑色的大幅纱布连接在油帽或毡笠前边。唐代创制了大帽，后魏孝文帝开始将帽赐给百官。魏文帝开始在立冬时赐给百官暖帽。现在也赐给百官暖耳的帽子，根源就在于此。

幞头

【原文】

北朝周武帝裁布始制幞（fú）头。一云六国时赵魏用全幅向后幞发，通谓头巾，俗呼幞头。

【译文】

北朝的周武帝裁布开始制作幞头。也有人说是六国时赵魏使用全幅的布向后扎住头发，通称为头巾，俗称为幞头。

帽

【原文】

魏武制帽①，始燕居著帽。荀文若始制帽有岐②，因触树枝成岐，后效之。

【注释】

①帽（tāo）：古代的一种帽子。

②岐：物的分支或事有分歧。

【译文】

魏武帝制作了帽帽，在闲居时戴帽。荀彧开始制作有分岔帽尾的帽，因为不小心被树枝挂住而有了分岔，后人都仿效这种体制。

纵

【原文】

周公制纵，以韬发。宋太祖制网巾，明太祖颁行天下。

【译文】

周公创制了纵，用来束头发。宋太祖制了网巾，明太祖将其颁行天下。

履

【原文】

黄帝臣於则始制履单底，周公制舄①复底、制屦②施带、制屟③。伊尹制草屩，周文王始制麻履④，秦始用丝，始皇始制靸（sǎ）金泥飞头鞋，始名鞋。汉始以布纑上脱下加锦饰，东晋始以草木巧织成如澼（pì）芙蓉为履是也。

【注释】

①舄（xì）：鞋。

②屦（jù）：古代用麻葛制成的一种鞋。

③屧（xiè）：木底鞋。

④屩（juē）：草鞋。

【译文】

黄帝的大臣於则开始制作单底的鞋。周公制作了复底的鞋，还制作了有带子的单底鞋，制作了木屐。伊尹制作了草鞋，周文王开始制作了麻鞋，秦朝开始用丝来做鞋，秦始皇开始制作靸金泥飞头鞋，开始用鞋字来称呼。汉代时期，开始用布的圆丝带为鞋上下加装饰，东晋开始用草木编织成鞋，做成的鞋好像漂洗的芙蓉花一样。

三代冠制

【原文】

夏曰毋追，周曰委貌。衡，维持冠者；紞（dǎn），冠之垂者；弦缨，从下而上；綖（yán），冠之上覆者，皆冠饰也。

【译文】

夏代叫毋追，周代叫委貌。衡，是维持帽冠平衡的；紞，是冠两侧垂下的丝绳；弦缨，是从下而上固定帽子的；綖，是覆在冠上的部分。以上这四种都是冠帽上的装饰。

冠制

【原文】

太白冠，太古之白布冠也。通天冠，天子冠名。惠文冠，汉法冠也，御史服之。葛巾，葛布冠也，居士野人所服。方山冠，乐人之冠也。铁柱冠，即獬豸①冠也，后以铁为柱，取其执法如铁也，故御史服之。

【注释】

①獬豸（xiè zhì）：古代传说中的一种异兽，能辨曲直，见人争斗就用角去顶坏人。

【译文】

太白冠，是远古以白布制成的冠。通天冠，特指天子戴的冠。惠文冠，是汉代执法者的法冠，御史穿戴。葛巾，是用葛布制成的冠，隐居者或乡野之人穿戴的。方山冠，是歌舞演奏艺人所戴的的冠。铁柱冠，就是獬豸冠，后来用铁来做冠柱，用以表明执法如铁，所以御史穿戴这种冠。

衣裳

【原文】

有巢氏始衣皮。轩辕妃嫘祖始兴机杼，成布帛。尧始加絺（chī）苎、木棉、草布、毛罽。黄帝臣胡曹始作衣，伯余始作裳，始衣裳加垂以衣皮，短小也。舜制韨（fú），三代增画文；汉明帝用赤皮；魏晋始易络纱。黄帝始制衮（gǔn），舜始备，周始详。

【译文】

有巢氏最早开始用毛皮做衣服。轩辕的妃子嫘祖开始用机杼来纺织布帛。尧帝开始加絺苎、木棉、草布、毛罽。黄帝的臣子胡曹开始制作衣，伯余开始制作裳，开始给衣裳加皮制的垂饰，这是短小的。舜创制了韨，三代增了画文；汉明帝使用红色的皮；魏、晋开始改用络纱。黄帝创制了衮袍，舜时衮袍的制度更加完备，周代开始更加详明。

笏

【原文】

成汤始制笏①，书教令以备忽忘。武王诛纣，太公解剑带笏，始制为等。周制诸侯用象笏。晋、宋以来，惟八座用笏，馀执手板。周武帝始百官皆执笏朝参，以笏为礼。汉高祖制手板如笏，魏武帝制露板。

【注释】

①笏（hù）：古代大臣上朝拿着的手板，用玉、象牙或竹片制成，上面可以记事。

【译文】

成汤开始创制笏，是为书写教令用来防备疏忽和遗忘的。武王诛杀殷纣王，太公解剑带笏，开始制为等级。周代规定诸侯用象笏。晋、宋以来，只有朝廷中央的八种官员可以用笏，其余的人都拿着手板。周武帝开始百官都拿着笏来朝拜参见，且用笏来行礼。汉高祖制定了像笏一样的手板，魏武帝创制了露板，即奏事用的木简。

带绶

【原文】

黄帝制衣带，秦二世名腰带，唐高宗始制金、玉、犀、银、鍮（tōu）、鉐（shí）、铜、铁等差。

【译文】

黄帝创制了衣带，秦二世称其为腰带，唐高宗开始制定金、玉、犀、银、鍮、鉐、铜、铁等不同材料的衣带，且各有等级的差别。

佩

【原文】

尧始制佩，周制为等。七国去佩留襚①，始以采组连结于襚。转相受为绶②，制更秦名，本三代。汉高祖制为等加缥。天子佩白玉而玄组绶，公侯佩山玄玉而朱组绶，大夫佩水苍玉而纯组绶，世子佩瑜玉而綦③组绶，士佩孺玟而缊④组绶，孔子佩象环五寸而綦组绶。

【注释】

①襚（suì）：古代贯穿佩玉的丝织绶带。

②绶：一种丝质带子，古代常用来拴在印纽上，后用来拴勋章。

③綦（qí）：青黑色。

④缊（wēn）：赤黄色。

【译文】

尧开始创制出佩饰，到了周代成为一项制度。七国去掉佩玉而留下绶带，开始用采组连结绶带。转赠他人称为绶，改自秦代的名称，本于三代。汉高祖规定为不同等级加丝织的带。天子佩戴白色的玉并用黑色的组绶，公侯佩戴黑色的玉并用红色的组绶，大夫佩水黑色的玉并用白色的组绶，世子佩戴美玉并用青黑色的组绶，士佩像玉一样的美石并用赤黄色的组绶，孔子佩象环五寸并用青黑色的组绶。

吉光裘

【原文】

汉武帝时，西域献吉光裘①，裘色黄，盖神马之类，入水不濡，入火不燃。

【注释】

①吉光裘：用吉光毛皮制成的衣服。亦泛指极其珍贵的裘服。

【译文】

汉武帝时，西域人进献了吉光裘，裘是黄色的，可能是神马之类的毛皮所制，所以入水不湿，入火不燃。

雉头裘

【原文】

大医程据[①]上雉头裘[②]，武帝诏据：此裘非常衣服，消费功用，其于殿前烧之。

【注释】

①程据：魏晋医家。

②雉头裘：以雉头羽毛织成之裘。借指奇装异服。

【译文】

太医程据献上雉头裘，晋武帝下诏给程据说："这件裘衣不是寻常衣服，只有消费的功用。"所以在殿前烧毁了。

狐白裘

【原文】

孟尝君使人说昭王幸姬求解，姬曰："愿得狐白裘[①]。"此裘孟尝君已献昭王，客有能为狗盗者，夜入秦宫藏中，取以献姬，乃得释。

【注释】

①狐白裘：用狐腋的白毛皮做成的衣服。

【译文】

孟尝君派人向秦昭王的宠姬游说乞求释放，姬女说："我想要白色狐皮裘衣。"但这件狐白裘孟尝君已经献给了昭王，其门下有一个擅于偷窃的人，于是派他到秦国宫中盗了出来献给宠姬，这才被释放了。

集翠裘

【原文】

武后赐张昌宗集翠裘[①]，后令狄仁杰与赌此裘。仁杰因指所衣紫拖袍，后曰："不等。"杰曰："此大臣朝见之服也。"昌宗累局连北[②]，仁杰褫[③]其裘，拜恩出，赐与舆前厮养。

【注释】

①集翠裘：百鸟羽皮缝制的皮衣。

②北：失败。

③褫（chǐ）：夺去。

【译文】

武则天把集翠裘赐给了张昌宗，并让狄仁杰和张昌宗以集翠裘打赌。狄仁杰用自己穿的紫拖袍作赌注，武则天说："你的紫拖袍和张昌宗的集翠裘不等价。"狄仁杰说："我这件袍子是大臣朝见天子的衣服，高贵无价。"后来张昌宗连败几局，把集翠裘输给了狄仁杰，狄仁杰向武则天谢恩后告退，将集翠裘给了自己轿前的家奴。

深衣

【原文】

古者深衣①，盖有制度，短毋见肤，长毋被土。制有十二幅，以应十有二月；袂圆以应规；曲袷②如矩以应方；负绳及踝以应直，下齐如权衡以应平。

【注释】

①深衣：属于汉服，起源于有虞氏，把衣、裳连在一起包住身子，分开裁但是上下缝合，因为"被体深邃"，因而得名。通俗地说，就是上衣和下裳相连在一起，用不同色彩的布料作为边缘。

②曲袷（qǔ jiá）：方领。

【译文】

古代的深衣制作是有规定的，短不能露出皮肤，长不能拖到地面。深衣用布规定用十二幅，对应十二个月；袖子为圆形来对应圆形的规；领子为方形用来对应方正的矩；背缝长达脚后跟来对应直；下摆如权衡之器来对应平。

月影犀带

【原文】

张九成有犀带，文理缜密，中有一月影，遇望①则见，贵重在通天犀②之上，盖犀牛望月之久，故感其影于角也。

【注释】

①望：月望，即望月，满月。月满之时，通常在月半，故亦用以指旧历每月十五日。

②通天犀：一种上下贯通的犀牛角。

【译文】

张九成有一条犀带，文理细密，中间有一个月影，到每个月的十五日就会出现，这条犀带贵就贵在通天犀上，因为犀牛望月时间很长，所以月亮的影子都留在它的角上了。

黄琅带

【原文】

唐太宗赐房玄龄黄琅带，云服此带，鬼神畏之。

【译文】

唐太宗赐给房玄龄黄琅带，据说佩上此带，连鬼神都会害怕。

百花带

【原文】

宗测①春游山谷，见奇花异卉，则系于带上，归而图其形状，名百花带，人多效之。

【注释】

①宗测：南朝时齐国人，字敬微，一字茂深，南阳涅阳(今河南镇平)人，家江陵。

【译文】

宗测到山谷中春游，看到奇花异草就插在腰带上，回家就画出它的形状，取名做百花带，人们纷纷效仿。

饮食

【原文】

有巢氏始教民食果。燧人氏始修火食，作醴酪①。神农始教民食谷，加于烧石之上而食。黄帝始具五谷种。烈山氏子柱始作稼，始教民食蔬果。燧人氏作脯、作胾②。黄帝作炙。成汤作醢③。禹作銗（xiǎng），吴寿梦作鲊（zhǎ）。

【注释】

①醴酪：甜酒和奶酪。

②胾（zì）：切成大块的肉。

③醢（hǎi）：用肉、鱼等制成的酱。

【译文】

有巢氏最先开始教民众吃水果。燧人氏开始教导民众用火来烹调食物，制作醴酪。神农开始教民众吃五谷，放在烧热的石头上再吃。黄帝最先有五谷的种子。烈山氏之子柱最早开始种庄稼，并教民众吃蔬菜和水果。燧人氏开始做干肉和肉块。黄帝将肉烤着吃。成汤做肉酱。大禹做干鱼，吴国的寿梦做鱼酱。

名酒

【原文】

齐人田无已中山酒，汉武帝兰生酒，曹操缥醪（piǎo láo），刘白堕桑落酒、千里酒，唐玄宗三辰酒，虢（guó）国夫人天圣酒，裴度鱼儿酒，魏徵翠涛，孙思邈屠苏，隋炀帝玉薤（xiè），陈后主红粱新酝，魏贾锵昆仑觞，房寿碧芳酒，羊雅舒抱瓮醪，向恭伯芗（xiāng）林、秋露，殷子新黄娇，易毅夫瓮中云，胡长文银光，宋安定郡王洞庭春，苏轼罗浮春、真一酒，陆放翁玉清堂，贾似道长春法酒，欧阳修冰堂春。

【译文】

齐人田无已的中山酒，汉武帝的兰生酒，曹操的缥醪，刘白堕的桑落酒、千里酒，唐玄宗的三辰酒，虢国夫人的天圣酒，裴度的鱼儿酒，魏徵的翠涛，孙思邈的屠苏，隋炀帝的玉薤，陈后主的红粱新酝，魏国贾锵的昆仑觞，房寿的碧芳酒，羊雅舒的抱瓮醪，向恭伯的芗林、秋露，殷子新的黄娇，易毅夫的瓮中云，胡长文的银光，宋代安定郡王的洞庭春，苏轼的罗浮春、真一酒，陆放翁的玉清堂，贾似道的长春法酒，欧阳修的冰堂春。

茶

【原文】

成汤作茶，黄帝食百草，得茶解毒。晋王蒙、齐王肃始习茗饮。钱超、赵莒为茶会。唐陆羽始著《茶经》，创茶具，茶始盛行。唐常衮，德宗时人，刺建州，始茶蒸焙研膏。宋郑可闻剔银丝为冰牙，始去龙脑香。唐茶品阳羡为上，唐末北苑始出。南唐始率县民采茶，北苑造膏茶腊面，又京铤最佳。宋太宗始制龙凤模，即北苑时造团茶，以别庶饮，用茶碾，今炒制用茶芽，废团。王涯始献茶，因命涯榷茶。唐回纥始入朝市茶。宋太祖始禁私茶，太宗始官场贴射，徐改行交引。宋始称绝品茶曰斗，次亚斗。始制贡茶，列粗细纲。

【译文】

成汤发明了茶，黄帝试尝百草，于是知道茶可以解毒。晋代的王蒙、齐代的王肃开始喝茶。钱超、赵莒兴办茶会。唐代的陆羽开始写作《茶经》，制作茶具，茶才开始盛行。唐德宗时期的常衮任建州刺史时，开始将茶叶蒸、焙并研磨为末。宋代的郑可闻剔出银丝叶制成冰牙，开始去除龙脑香。唐代茶叶以阳羡为最佳，唐末北苑才开始出产。南唐开始鼓励县民采茶，北苑造出了膏茶、腊面，此外便是京铤最好。宋太宗开始制出了龙凤模型，在北苑里来造出团茶，与普通人用的区别开来，并用茶碾，现在炒制使用茶芽，废除了茶团。王涯开始献茶，朝廷便命王涯专管茶叶的专卖。唐代回纥开始入朝交易茶叶。宋太祖时期开始禁止私自交易茶叶，宋太宗开始在官场贴射来决定茶叶的交易权，后改为用交引的方式。宋代开始，把绝品的茶叫斗，次一级的叫亚斗。开始制作进贡的茶，列出粗细不同的类别。

蒙山茶

【原文】

蜀蒙山顶上茶多不能数，片极重，于唐以为仙品。今之蒙茶，乃青州蒙阴山石上地衣，味苦而性寒，亦不易得。

【译文】

蜀地蒙山顶上栽种了很多茶，每片都很重，在唐代被认为是仙品。现在的蒙茶，指青州蒙阴山石头上的地衣，味苦性寒，也不易得到。

密云龙

【原文】

东坡有密云龙茶，极为甘馨。时黄、秦、晁、张号“苏门四学士”，子瞻待之厚，每来，必令侍妾朝云取密云龙饮之。

【译文】

苏轼有甘甜馨香的密云龙茶。当时黄庭坚、秦观、晁补之、张耒号称为“苏门四学士”，苏轼待他们很亲厚，每次来都会让侍妾王朝云用密云龙款待他们。

惊雷荚

【原文】

觉林院僧志崇收茶三等，待客以惊雷荚，自奉以萱草带，供佛以紫茸。香客赴茶者，皆以油囊①盛馀沥以归。

【注释】

①油囊：涂有桐油的可盛液体的布袋。

【译文】

觉林院的和尚志崇将收到的茶分为三等，用惊雷荚待客，自己喝萱草带，用紫茸供奉佛。来寺庙上香的客人凡是来赴茶会的，都会用不漏的油布口袋将喝剩下的残茶装好带回家去。

石岩白

【原文】

蔡襄①善别茶。建安能仁寺有茶生石缝间，名石岩白，寺僧遣人遗内翰王禹玉。襄至京访禹玉，烹茶饮之，襄捧瓯未尝，辄曰："此极似能仁寺石岩白，何以得之？"禹玉叹服。

【注释】

①蔡襄：（1012—1067），字君谟，北宋著名书法家、政治家、茶学专家。

【译文】

北宋的蔡襄是茶学专家，擅长识别茶叶。在建安能仁寺的石缝中发现了茶，叫石岩白，寺里的僧人把它献给了内翰王禹玉。蔡襄到京城去拜访王禹玉，王禹玉拿此茶款待他，蔡襄捧起杯子还没喝，就说："这茶非常像能仁寺的石岩白，你怎么有呢？"王禹玉对他识茶的本事十分佩服。

仙人掌

【原文】

荆州玉泉寺，近清溪诸山，山洞往往有乳窟，窟中多玉泉交流，其水边处处有茗草罗生，枝叶如碧玉，拳然重叠，其状如手，号仙人掌，盖旷古未睹也。惟玉泉真公常采而饮之，年八十馀，颜色如桃色。此茗清香酷烈，异于他产，所以能还童振枯，扶人寿也。

【译文】

荆州有个玉泉寺，坐落在清溪近旁的群山附近，山洞里常有石钟乳的溶洞，里面流出很多玉泉，水边到处都有茶苗丛生，树枝与叶子翠绿如玉，形状很像人的手握着拳头一样重重叠叠，号称仙人掌，这是自古以来从没见过的茶。玉泉寺的真公经常采茶煮来喝，年龄已经八十多了，面色还像桃花的颜色。这种茶十分清香，跟其他茶大不相同，能使人的容颜返老还童，让人干枯的血脉重新丰沛起来，能延年益寿。

卷十二 宝玩部

金玉

历代传宝

【原文】

赤刀、大训、弘璧、琬琰在西序，太玉、夷玉、天球、河图在东序。八者皆历代传宝。

【译文】

红色的大刀、先王的典谟遗训、大玉璧、玉圭，摆在西墙朝东的地方；华山进献的玉器、夷人进献的玉器、雍州进献的玉器、河图洛书，摆在东墙朝西的地方。这八种物品都是历代传承的珍宝。

四宝

【原文】

周有砥砨（dǐ ě），宋有结绿，梁有县黎，楚有和璞，此四宝者，天下名器。

【译文】

周有美玉名叫砥砨，宋有美玉名叫结绿，梁有美玉名叫县黎，楚有美玉名叫和璞，这四种宝物是天下有名的珍宝。

六瑞

【原文】

王执镇圭，公执桓圭，侯执信圭，伯执躬圭，子执縠（gǔ）璧，男执蒲璧。

【译文】

封王者上朝手里拿的玉制信符叫镇圭，封公爵的人上朝手拿的叫桓圭，封侯爵的人上朝手拿的叫信圭，封伯爵的人上朝手拿的叫躬圭，封子爵的人上朝手拿的叫縠璧，封男爵的人上朝手拿的叫蒲璧。

环玦

【原文】

聘人以圭，问士以璧，召人以瑗，绝人以玦，反绝以环。

【译文】

订婚下聘礼时要用玉圭，询问士人要用玉璧，召人约见要用玉瑗，与人绝交要用玉玦，恢复交情要用玉环。

照胆镜

【原文】

秦始皇有方镜，照见心胆。凡女子有邪心者，照之，即胆张心动。

【译文】

秦始皇有一面方镜，据说能照见人的心胆。凡是有异心的女子，照她，能看到她的胆会张开、心也会动。

辟寒金

【原文】

魏明帝朝，昆明国献一鸟，名漱金鸟，常吐金屑如粟，古人以金饰钗，谓之辟寒金。

【译文】

魏明帝时期，昆明国进献一只漱金鸟，能吐粟米一样大小的金屑，古人用这种金屑装饰簪钗，称之为辟寒金。

火玉

【原文】

《杜阳编》：武宗时，扶馀国贡火玉，光照数十步，置室内，不必挟纩。

【注释】

①挟纩（jiā kuàng）：披着棉衣。

【译文】

《杜阳杂编》记载：唐武宗的时候，扶馀国进贡一种火玉，散发出的光能照出数十步远的距离，放在屋里，都不用穿厚衣服。

珍宝

十二时盘

【原文】

唐内库有一盘，色正黄，围三尺，四周有物象。如辰时，草间皆戏龙，转巳则为蛇，午则为马。号十二时盘。

【译文】

唐代朝廷藏库内有一个正黄色盘子，周长有三尺，盘子四周刻着动物的形象。比如辰时，就刻画草丛中游戏的龙，到了巳时就变为蛇，午时就是马。称为十二时盘。

游仙枕

【原文】

龟兹国进一枕，色如玛瑙，枕之则十洲、三岛、四海、五湖，尽在梦中，帝名游仙枕。

【译文】

龟兹国进贡了一个和玛瑙同色的枕头，枕上它睡觉，就能在梦里进入十洲、三岛、四海、五湖，皇帝把它称为游仙枕。

冰蚕丝

【原文】

东海员峤山有冰蚕，长七寸，黑色，有鳞角，以霜雪覆之，然后作茧。茧长尺一，其色五彩，织为文锦，入水不濡，入火不燎，暑月置座，一室清凉。唐尧之世，海人献之，尧以为黼黻①。

【注释】

①黼黻（fǔ fú）：绣有华美花纹的礼服。

【译文】

东海的员峤山上有一种黑色的冰蚕，长七寸，有鳞、角，自己用霜雪把自己包裹起来，然后开始作茧。茧长有一尺一，上面有五种彩色，用来织成锦缎，遇水不会湿，遇火不会烧着，若在炎热的夏季将其放在屋内，一个屋子里都是清凉的。在唐尧时期，有海上的人献上了冰蚕，尧帝将它织为黼黻。

各珠

【原文】

龙珠在颔，蛟珠在皮，蛇珠在口，鱼珠在目，蚌珠在腹，鳖珠在足，龟珠在甲。

【译文】

龙的珠子在下巴里，蛟的珠子在皮里，蛇的珠子在口中，鱼的珠子在眼睛里，蚌的珠子在肚子里，鳖的珠子在脚里，乌龟的珠子在龟甲里。

聚宝盆

【原文】

明初沈万三①有聚宝盆，凡金银珠宝纳其中，过夜皆满。太祖筑陵南门，下有龙潭，深不可测，以土石投之，决填不满；太祖取盆投之，下石即满，且诳龙以五更即还。今南门不打五更，至四更即天亮。

【注释】

①沈万三：（1330—1394），本名沈富，字仲荣，俗称万三,万三者，万户之中三秀，所以又称三秀，作为巨富的别号，元末明初商人、巨富。

【译文】

明朝初年的富商沈万三有一个聚宝盆，只要将金银珠宝放到里面，过一晚上就满了。明太祖在南门修筑陵墓，下面有一个深不可测的龙潭，用土石怎么也填不满。明太祖把聚宝盆扔下去，再往里填石头，立刻就满了。而且太祖还欺骗龙说过了五更就把龙潭还给它。但直到现在南门都不打五更，到四更天就亮了。

钱名

【原文】

《通典》：自太昊以来，则有钱矣。太昊氏、高阳氏谓之金；有熊氏、高辛氏谓之货；陶唐氏谓之泉；商周谓之布；齐莒（jǔ）谓之刀。又曰教与俗改，币与世易：夏后以玄贝，周人以紫石，后世或金钱、刀布。

朱提，县名，属犍（qián）为，出好银。即今四川嘉定州犍为县。

【译文】

《通典》记载：自从太昊以来，钱已经出现了。太昊氏、高阳氏将其称为金；有熊氏、高辛氏将其称为货；陶唐氏将其称为泉；商、周将其称为布；齐、莒二国将其称为刀。又说：教化随着世俗而变化，货币也随着时世的变化在改变。夏朝使用黑色的贝壳，周朝则用紫色的石头，后世或用金钱，或用刀布。

朱提，是县的名字，属于犍为，出产质量很好的白银。即现在四川嘉定州的犍为县。

阿堵物

【原文】

晋王衍①妻喜聚敛，衍疾其贪鄙，故口未尝言钱。妻欲试之，令婢以钱绕床，使不得行，衍早起见钱，谓婢曰："举此阿堵物去！"

【注释】

①王衍：（256—311），字夷甫。琅邪郡临沂县（今山东临沂北）人。西晋时期著名清谈家，西晋末年重臣。

【译文】

晋代王衍的妻子喜欢聚敛钱财，王衍非常不喜欢她这种行为，所以从来不说"钱"字。他的妻子想要试探他，便让丫鬟把钱绕着床放，让他无法走路。王衍早上起来看到钱，对丫鬟说："把这些挡着我去路的东西拿走！"

玩器

柴窑

【原文】

柴世宗时所进御者，其色碧翠，赛过宝石，得其片屑，以为网圈，即为奇宝。

【译文】

柴世宗时，向皇帝进献的瓷器中，有一种颜色翠绿，赛过绿宝石，哪怕得到这些瓷器的碎屑，用网圈定，也能成为奇宝。

定窑

【原文】

有白定、花定，制极质朴，其色呆白，毫无火气。

【译文】

定瓷有白定、花定之分，样式非常质朴，颜色呆白，毫无火气。

汝窑

【原文】

宋以定州白瓷有芒不堪用，遂命于汝州造青色诸器，冠绝邓、耀二州。

【译文】

宋代因为定州白瓷有未被釉子覆盖的芒，所以不能用，于是命令在汝州制造青色瓷器，所造的瓷器远超过邓州和耀州。

哥窑

【原文】

宋时处州章生一与弟章生二皆作窑器。哥窑比弟窑色稍白，而断纹多，号白级碎，曰哥窑，为世所珍。

【译文】

宋代的处州，有两兄弟章生一和章生二，他们都制作瓷器。章生一制作的瓷器比弟弟制造的颜色稍微白一点，而且断纹多，号为白级碎，称为“哥窑”，被世人珍赏。

官窑

【原文】

宋政和间，汴京置窑，章生二造青色，纯粹如玉，虽亚于汝，亦为世所珍。

【译文】

宋代政和年间，汴京开窑烧制瓷器，章生二烧制出来的青色，纯粹如玉，虽然次于汝窑，但也被世人当作珍宝。

钧州窑

【原文】

器稍大，具诸色，光采太露，多为花缸、花盆。

【译文】

钧州窑的瓷器稍大一些，有多种颜色，但光彩太显露，一般用为花缸或花盆。

内窑

【原文】

宋郁成章为提举，于汴京修内司置窑，造模范，极精细，色莹澈，不下官窑。

【译文】

宋代的郁成章任提举时，在汴京修内司开窑制瓷器，所造的模子非常精细，颜色晶莹清澈，不逊于官窑。

金银酒器

【原文】

李适之有蓬莱盏、海山螺、瓠（hù）子卮（zhī）、幔卷荷、金蕉叶、玉蟾儿，俱属鬼工。

【译文】

李适之的酒器有蓬莱盏、海山螺、瓠子卮、幔卷荷、金蕉叶、玉蟾儿，其制作工艺都可以称得上鬼斧神工。

卷十三 容貌部

形体

圣贤异相

【原文】

尧眉八彩。舜目重瞳。文王四乳。仓颉四目。禹耳三漏，是谓大通，兴利除害，决江疏河。

【译文】

尧帝的眉毛有八种色彩。舜帝每只眼睛有两个瞳孔。文王有四个乳头。仓颉有四只眼睛。大禹的耳朵有三个耳孔，这被称为大通，可以兴利除害，疏通江河。

碧眼

【原文】

孙权幼时眼碧色，号碧眼小儿。

【译文】

孙权年幼时眼睛是绿色的，号称碧眼小儿。

猿臂

【原文】

汉李广①猿臂善射。

【注释】

①李广：（？—前119），陇西成纪（今甘肃天水秦安县）人，西汉时期的名将，人称“飞将军”。

【译文】

汉代将军李广的手臂像猿猴一样长，所以很擅长射箭。

独眼龙

【原文】

李克用①一目眇②，时号独眼龙。

【注释】

①李克用：（856—908），神武川新城人。唐末将领、军阀，因一目失明，又号“独眼龙”。

②眇（miǎo）：瞎了一只眼睛。

【译文】

李克用有一只眼睛瞎了，当时号称为独眼龙。

胆大如斗

【原文】

姜维[1]死后剖腹视之，胆如斗大。张世杰亦胆大如斗，焚而不化。

【注释】

①姜维：（202—264），字伯约，天水冀县（今甘肃甘谷东南）人。三国时蜀汉名将，官至大将军。

②张世杰：（？—1279），涿州范阳（今属河北范阳）人。宋末抗元名将，民族英雄。

【译文】

姜维死后剖腹来看，只见他的胆有斗那么大。张世杰也胆大如斗，焚烧也不化。

半面笑

【原文】

贾弼梦易其头，遂能半面啼，半面笑。

【译文】

贾弼梦见自己换了头，所以能一半脸哭，一半脸笑。

玉楼银海

【原文】

东坡《雪》诗："冻合玉楼寒起粟，光摇银海眩生花。"王荆公曰："道家以两肩为玉楼，两眼为银海。"东坡曰："惟荆公知此。"

【译文】

苏轼《雪后书北台壁》诗说："冻合玉楼寒起粟，光摇银海眩生花。"王安石说："道家称两肩为'玉楼'，两眼称'银海'。"苏轼说："只有荆公知道这些啊。"

缄口

【原文】

孔子①观周庙有金人焉，三缄其口，而铭其背曰：古之慎言人也。戒之哉！戒之哉！毋多言，多言，多败。毋多事，多事，多患。

【注释】

①孔子：（前551—前479），子姓，孔氏，名丘，字仲尼，鲁国陬（zōu）邑人（今山东曲阜），祖籍宋国栗邑（今河南夏邑），我国著名的大思想家、大教育家。孔子开创了私人讲学的风气，是儒家学派的创始人。

【译文】

孔子看到周庙里有金人，好几次想说话但最终闭口不言。于是在金人的背后写了一篇铭说：这是古代慎于言语的人啊。大家要警戒，不要多说话，否则就容易失败；不要多事，否则就易生祸端。

舌存齿亡

【原文】

常摐（chuāng）有疾，老子曰："先生疾甚，无遗教语弟子乎？"拟乃张其口，曰："舌存乎？"曰："存。岂非以软耶？""齿亡乎？"曰："亡。岂非以刚也？"常拟曰："天下事尽此矣！"

【译文】

常摐得了重病，老子说："先生的病越来越重，难道没有什么遗言留给弟子吗？"常摐便张开他的嘴，说："舌头还在吗？"老子回答说："在。是因为舌头软吗？"常摐说："牙齿呢？"老子回答说："没了。是因为牙齿太刚硬了吗？"常摐说："天下的事都在这里了。"

妇女

妲己赐周公

【原文】

五官将既纳袁熙妻，孔文举[①]《与曹操书》曰："武王伐纣，以妲己赐周公。"曹以文举博学，信以为然。后问文举，答曰："以今度之，想当然耳。"

【注释】

①孔文举：（153—208），孔融，字文举。鲁国（今山东曲阜）人。东汉末年文学家，"建安七子"之一。

【译文】

五官中郎将曹丕趁乱娶了袁熙的妻子。孔融在《与曹操书》中说："周武王讨伐商纣，将商纣王的宠妃妲己赐给了周公。"曹操认为孔融博学多识，相信他的话，问孔融，孔融说："用现在的事来推测，大概是真的吧。"

效颦

【原文】

西子[①]心痛则捧心而颦[②]，其貌愈媚。丑女羡而效之，曰效颦。山谷诗："今代捧心学，取笑类西施。"

【注释】

①西子：西施，本名施夷光，越国美女，一般称其为西施，后人尊称其"西子"。春秋末期出生于浙江诸暨苎萝村（越州培公故乡）。

②颦：皱眉。

【译文】

西施犯了心痛病，用手捂着心口皱眉头，这时候看上去更加娇媚动人。长相丑陋的女子看见了，羡慕并效仿她，这就叫"效颦"。黄庭坚的诗说："今代捧心学，取笑类西施。"

长舌

【原文】

《诗经》："妇有长舌，维厉①之阶②。"

【注释】

①厉：祸患，危险。

②阶：由来。

【译文】

《诗经》说："妇女有长舌，那是祸患的由来。"

女博士

【原文】

甄后年九岁时，喜攻书，每用诸兄笔砚。兄曰："欲作女博士①耶？"后曰："古者贤女未有不览经籍，不然，成败安知之？"

【注释】

①博士：古代学官名。

【译文】

甄皇后很喜欢读书，九岁便常常用哥哥的笔和砚。哥哥说："你是想要做女博士吗？"她说："古代贤惠的女子没有不看书识经的，不然怎么知道事情最后的成败呢？"

国色

【原文】

《公羊传》：郦姬者，国色也。《天宝遗事》：都下名妓楚莲香，国色无双，每出则蜂蝶相随，慕其香也。

【译文】

《公羊传》记载：有个叫骊姬的女子，是全国最貌美的女子。《开元天宝遗事》记载：京都有名妓叫楚莲香，全国找不出第二个同样貌美的女子，她每次出门，都蜂围蝶绕，是因为喜欢她身上的香气。

花见羞

【原文】

五代刘鄩①侍儿王氏，有绝色，人号花见羞。

【注释】

①刘鄩（xún）：（861—923），又名刘掞（shàn），山东密州安丘人，五代时后梁名将，有“一步百计”之称。

【译文】

五代时刘鄩的侍女王氏非常美丽，人称花见羞。

倾城倾国

【原文】

李延年①歌曰：“北方有佳人，绝世而独立。一顾倾人城，再顾倾人国。非不知倾城与倾国，佳人难再得！”

【注释】

①李延年：生年不详，西汉音乐家。

【译文】

李延年的《佳人歌》：“北方有美人，绝世而独立。一回眸倾倒一城人，再回眸倾倒一国人。不管是一城还是一国，美人难再得！”

远山眉

【原文】

赵飞燕①为妹合德养发，号新兴髻；为薄眉，号远山黛；施小朱，号慵来妆。又《玉京记》：“卓文君②眉色不加黛，如远山。人效之，号远山眉。”

【注释】

①赵飞燕：（前45—前1），赵氏，号飞燕，汉朝时期成帝皇后，以美貌著称。

②卓文君：（前 175—前 121），原名文后，西汉时期蜀郡临邛（今四川省成都市邛崃市）人，中国古代四大才女之一、蜀中四大才女之一。

【译文】

赵飞燕为她的妹妹赵合德蓄头发，称为新兴髻；修淡眉，称为远山黛；点小块的朱砂印，称为慵来妆。另外，《玉京记》记载："卓文君的眉毛不用黛来画，看上去像远山一样。人们都效仿，号为远山眉。"

卷十四 九流部

道教

道家三宝

【原文】

《太经》曰：眼者神之牖[1]，鼻者气之户，尾闾（lǘ）者精之路。人多视则神耗，多息则气虚，多欲则精竭。务须闭目以养神，调息以养气，坚闭下元以养精。精气充则气裕，气裕则神完。是谓道家三宝。

【注释】

①牖（yǒu）：窗户。

【译文】

《太经》说：眼睛是精神的窗户，鼻子是气息的门户，尾闾穴是精气的通路。人用眼过多就耗精神，呼吸过多就会气息虚弱，欲望过多就会精气枯竭。所以必须闭上眼睛来养神，调理呼吸来养气，清心寡欲来养精。精气充足，那么气息也就充裕，气息充实那么神气也就完足。这就是道家的“三宝”。

三全

【原文】

《洞灵经》曰：导筋骨则形全，剪情欲则神全，靖言路则福全。保此三全，是谓圣贤。

【译文】

《洞灵经》说：引导筋骨多活动就可保全形体，剪除情欲就可保全精神，少说话就可保全福气。保这三全，就是所谓的圣贤。

三闭

【原文】

收视，返听，内言。

【译文】

三闭是指收回视线，不听声音，不说话。

八禽

【原文】

道经有熊经、鸟申、凫浴、猨躩①、鸱（chī）视、虎顾、鷮②息、龟缩，谓之八禽。

【注释】

①躩（jué）：跳跃。

②鷮（jiāo）：野鸡的一种。

【译文】

道家经书记载有熊罴行进之术、飞鸟伸脚之术、凫雁游泳之术、猿猴攀援之术、鸱鸮夜视之术、老虎回顾之术、鷮鸟引气之术、乌龟伸缩之术，总称为“八禽术”。

五气朝元

【原文】

以眼不视，而魂在肝；以耳不听，而精在肾；以舌不声，而神在心；以鼻不嗅，而魄在肺；以四肢不动，而意在脾：名曰五气朝元。

【译文】

不用眼睛看，那么魂就安放在肝里；不用耳朵去听，那么精就安放在肾里；不用舌头说话，那么神就在心里；不用鼻子去闻，那么魄就在肺里；不用四肢去运动，那么意就在脾里，这就叫作“五气朝元”。

三华聚顶

【原文】

以精化气，以气化神，以神化虚，曰三华聚顶。

【译文】

把精变成气，把气变成神，把神变成虚，这就叫“三华聚顶”。

三清

【原文】

玉清，元始天尊；上清，玉宸道君，即灵宝天尊；太清，混元老君，即道德天尊。

【译文】

玉清，指元始天尊；上清，指玉宸道君，也叫灵宝天尊；太清，指混元老君，也叫道德天尊。

老君

【原文】

即老聃李耳[1]，著《道德经》五千言，为道家之宗。以其年老，故号其书曰《老子》。亳州南宫九龙井前，有升仙桧、炼丹井，皆其遗迹。

【注释】

①李耳：（前571—前471），老子，姓李名耳，字聃（dān），一字或曰谥伯阳。出生于周朝春秋时期陈国苦县厉乡曲仁里，是古代伟大的思想家、哲学家、文学家和史学家，道家学派创始人和主要代表人物。老子乃世界文化名人，世界百位历史名人之一，今存世有《道德经》（又称《老子》），其作品的核心精华是朴素的辩证法，主张无为而治。

【译文】

老君就是老聃李耳，写了五千字的《道德经》，是道家的开山之祖。因为他的年纪很老，称他的书为《老子》。在亳州南宫的九龙井前，有升仙桧、炼丹井，都是他的遗迹。

脑子诵经

【原文】

司马承祯[1]善金剪刀书，脑中有小儿诵经声玲玲如振玉；额上小日如钱，耀射一席。

【注释】

①司马承祯：（647—735），字子微，法号道隐，自号白云子，人称白云先生，河内温县（今河南温县）人，道教上清派第十二代宗师。

【译文】

司马承祯自创了一种字体，叫“金剪刀书”；他脑子里有小孩诵经的声音，清脆响亮就像敲击玉时发出的声音；额头上有铜钱一样大小的太阳，可以照耀整个席面。

佛教

禅门五宗

【原文】

南岳让禅师法嗣：南岳下三世百丈海禅师，四世沩山灵祐禅师，五世仰山慧寂禅师，称沩（wéi）仰宗；南岳下四世黄蘖（niè）希运禅师，五世临济义玄禅师，称为临济宗。青原思禅师法嗣：青原下六世曹山本寂禅师，七世洞山道延禅师，称为曹洞宗；青原下五世德山宣鉴禅师，六世雪峰义存禅师，七世云门文偃禅师，称为云门宗；青原下八世罗汉琛禅师，九世清凉文益禅师，称法眼宗。凡五宗，今天下惟曹洞、临济为盛。

【译文】

南岳让禅师的法嗣：南岳让禅师后三世是百丈海禅师，四世是沩山灵祐禅师，五世是仰山慧寂禅师，称为沩仰宗；南岳让禅师后四世是黄蘖希运禅师，五世是临济义玄禅师，称为临济宗。青原思禅师的法嗣：青原思禅师后六世是曹山本寂禅师，七世是洞山道延禅师，称为曹洞宗；青原思禅师后五世是德山宣鉴禅师，六世是雪峰义存禅师，七世是云门文偃禅师，称为云门宗；青原思禅师后八世是罗汉琛禅师，九世是清凉文益禅师，称为法眼宗。这五宗之中，现在天下属曹洞宗、临济宗最兴盛。

佛入中国

【原文】

汉明帝①梦金人长丈馀，飞空而下。访之群臣，傅毅②曰："西域有神，其名曰佛。"乃使蔡愔等往天竺求其道，得其书及沙门，由是教流中国。

【注释】

①汉明帝：刘庄（28—75），初名刘阳，出生于湖北枣阳，东汉第二位皇帝，公元57年至公元75年在位。

②傅毅：（?—90），东汉辞赋家，字武仲，扶风茂陵（今陕西兴平东北）人。

【译文】

汉明帝做梦梦到有一个身长一丈多的金人，从空中飞下来。他把此事拿来问群臣，傅毅说："西域有位神灵，名为佛。"于是，汉明帝便派蔡愔等人去天竺国寻求佛的大道，得到了佛家的经书和和尚，佛教由此传入中国。

象教

【原文】

如来既化，诸大弟想慕不已，遂刻木为佛，瞻敬之。杜诗曰："方知象教力。"

【译文】

如来佛坐化以后，他的各个弟子都很想念他，便用木头雕刻成佛的样子，用来供奉敬仰。杜甫诗有“方知象教力”的句子。

西方圣人

【原文】

《列子》：太宰嚭（pǐ）问孔子：“孰为圣人？”子曰：“西方有圣人，不治而不乱，不言而自信，不化而自行，荡荡乎民无能名焉。”

【译文】

《列子》记载：太宰嚭问孔子：“谁是圣人？”孔子说：“西方有圣人，不治理天下但天下也不混乱，不说话但人们都相信他，不施教化但人民却自己开化了，恩义浩荡，人们无法为他命名。”

不二法门

【原文】

《文选》：文殊谓维摩诘曰：“何为是不二法门？”摩诘不应，文殊曰：“乃至无有文字言语，是真入不二法门。”

【译文】

《文选·头陀寺碑文》注引《维摩诘经》记载：文殊菩萨对维摩诘说：“什么是不二法门？”维摩诘没有回答，文殊菩萨说：“已经到了没有文字和语言的境地，这才是真的不二法门啊。”

舍利塔

【原文】

《说苑》：阿育王所造释迦①真身舍利塔，见于明州鄞县。太宗命取舍利，度开宝寺地，造浮屠②十一级以藏之。

【注释】

①释迦：释迦牟尼（佛陀），佛教的创立者，是古代中印度迦毗罗卫国的释迦族人，他存在于西元前第一个千年的中期。

②浮屠：佛塔。

【译文】

《说苑》记载：阿育王所造的释迦牟尼真身舍利塔，在明州鄞县出现。宋太宗命人取出舍利，在开宝寺建造了十一层佛塔贮藏它。

紫衣

【原文】

《史略》曰：唐武则天朝，赐僧法朗等紫袈裟。僧之赐紫衣，自武后始。

【译文】

《史略》记载：唐代武则天的时候，赐给僧人法朗等人紫色的袈裟。赐僧人紫衣，由武则天开始。

五戒

【原文】

凡出家，师已许之，乃为受五戒，谓之一不杀生，二不偷盗，三不邪淫，四不妄语，五不饮酒。

【译文】

凡是出家人，答应师傅受五戒，即一不杀生，二不偷盗，三不邪淫，四不妄语，五不饮酒。

石点头

【原文】

晋有异僧玉生者，又名竺道生，人称曰生公。讲经于虎丘寺，人无信者。乃聚石为徒，坐而说法，石皆点头。

【译文】

晋代有一个叫玉生的奇异僧人，又叫竺道生，大家都叫他生公。他在虎丘寺讲经，没有人相信。于是他便把石头聚在一起当徒弟，结果石头听了都点头。

医

【原文】

《神农经》：上药养命谓五石之炼形、五芝之延年也；中药养性谓合欢之蠲忿①、萱草之忘忧也；下药治病谓大黄之除实、当归之止痛也。

【注释】

①蠲（juān）忿：消除忿怒。

【译文】

《神农经》记载："上药养命"是指丹砂、雄黄、白礬（fán）、曾青、慈石这五种石料，可以修炼形体，龙仙芝、参成芝、燕胎芝、夜光芝、玉芝这五种灵芝可以延年益寿；"中药养性"说的是合欢能祛除忿怒、萱草能帮助忘记忧愁；"下药治病"说的是大黄可以除去积食、当归可以止痛。

君臣佐使

【原文】

凡药有上中下之三品，凡合药宜用一君、二臣、三佐、四使，此方家之大经也。必辨其五味、三性、七情，然后为和剂之节。五味谓咸、酸、甘、苦、辛。酸为肝，咸为肾，甘为脾，苦为心，辛为肺，此五味之属五脏也。三性谓寒、湿、热。七情有独行者，有相须者，有相使者，有相畏者，有相恶者，有相反者，有相杀者，其用又有使焉。汤丸酒散，视其病之深浅所在而服之。

【译文】

凡是药都有上、中、下三品，配药时最好用一份君药、二份臣药、三份佐药、四份使药，这是专家开药的规范。还要分辨药的五味、三性、七情，然后才能制成好的药剂。五味指的是咸、酸、甘、苦、辛。酸是肝，咸是肾，甘是脾，苦是心，辛是肺，所以这五味其实是属于五脏的。三性是说寒性、湿性、热性。七情有适宜独行的，有同类相互需要不可分离的，有相互为佐使的，有相互受制的，有相互抵消的，有两不相合的，有相互钳制的，它们的功效又相辅相成。究竟是以汤服丸还是以酒行散，都要依照病的深浅和所处部位的不同来确定。

砭石

【原文】

梁金元起欲注《素问》，访以砭石①，王僧孺曰："古人常以石为针，不用铁；季世无佳石，故以铁代石。"

【注释】

①砭（biān）石：古代治病中的石针、石片。

【译文】

梁代的金元起想给《素问》做注，便向人请教砭石的事，王僧孺说："古代人经常用石头来做针，而不用铁来做；后来好的石头没有了，才用铁代替石头。"

病有六不治

【原文】

骄恣[①]不论于理，一不治也；轻身重财，二不治也；衣食不能适，三不治也；阴阳并藏气不定，四不治也；形羸[②]不能服药，五不治也；信巫而不信医，六不治也。

【注释】

①骄恣：骄纵。

②羸（léi）：瘦弱。

【译文】

一不治骄气放任且不讲道理；二不治看轻身体而重视财物；三不治穿衣与吃饭不能适度；四不治阴阳错乱、脉气不稳；五不治身体羸弱得已经不能吃药；六不治相信巫师而不相信医生。

扁鹊被刺

【原文】

扁鹊[①]名闻天下。过邯郸，闻贵妇人，即为带下医；过洛阳，闻周人爱老人，即为耳目痹医；来入咸阳，闻秦人爱小儿，即为小儿医：随俗为变。秦太医令李醯（xī），自知伎不如扁鹊，使人刺杀之。

【注释】

①扁鹊：（前407—前310），姬姓，秦氏，名缓，字越人，又号卢医，春秋战国时期名医。渤海郡郑（今河北沧州市任丘市）人。由于他的医术高超，被认为是神医，所以当时的人们借用了黄帝时神医“扁鹊”的名号来称呼他。

【译文】

扁鹊医术名闻天下。过邯郸的时候，听闻此地以妇女为贵，便治疗妇女病；过洛阳的时候，听闻此地十分爱护老人，便开始治疗听力与视力的病；再经过咸阳，听闻秦地的人珍爱小孩，便为儿童诊病。总之，是随着世俗的不同而改变治病的方向。秦地有个叫李醯的太医令，自知医术不如扁鹊，便派人将扁鹊刺杀了。

刮骨疗毒

【原文】

华佗[①]：疾在肠胃不能散者，饮以药酒，割腹湔洗[②]积滞，傅神膏合之，立愈。如割关侯臂而去毒、针曹操头风而去风是也。

【注释】

①华佗：（145—208），字元化，一名旉，沛国谯县人，东汉末年著名的医学家。

②湔（jiān）洗：除去，洗刷。

【译文】

华佗说：病在肠胃中不能驱散的，可以喝药酒，然后剖开肚子把积累的病因洗掉，再涂上一些神奇的药膏然后缝合，就能很快痊愈。就好像割开关公的胳臂从而可以刮去毒素、用针刺曹操的头可以去掉头风痛一样。

杏林

【原文】

《庐山记》：董奉[1]每治人病，病愈，令种杏一株，遂成林。奉后成仙，上升。

【注释】

①董奉：（220—280），字君异，东汉侯官（今福建长乐）人。少时治医学，医术高明。

【译文】

《庐山记》记载：董奉每次为一个人治病，病好后，便会让他们种一棵杏树，后来便成了一片杏林。董奉最后也成为了仙人，飞到天上去了。

葬

客土无气

【原文】

浮图泓师与张说市宅，视东北隅已穿二坎，惊曰："公富贵一世矣，诸子将不终。"张惧，欲平之。泓师曰："客土无气，与地脉不连，譬如身疮痏[1]，补他肉无益也。"

【注释】

①疮痏（chuāng wěi）：疮疡，伤痕。

【译文】

僧人泓师帮张说买坟地，当看到东北角已经被挖了两道坎，吃惊地说："大人一生富贵，但是你的儿子们恐怕无法继续了。"张说很害怕，想平了那两个坎。泓师说："从别处运来的土没有地气，与地脉不连，就像身上长了疮，用别的地方的肉来补也无济于事。"

折臂三公

【原文】

晋有术士相羊祜①墓当有授命者，祜闻，掘断地势，以坏其形。相者曰："尚出折臂三公。"祜后堕马折臂，位至三公。

【注释】

①羊祜（hù）：（221—278），字叔子，泰山南城人。著名战略家、政治家和文学家。

【译文】

晋时有一个术士看了羊祜的墓，认为应该有当皇帝的人，羊祜听了，便去把地势挖断了，用来破坏风水。相士说："破坏了风水仍然能出现断了胳臂的三公。"羊祜后来从马上掉下来摔断了胳臂，但仍然官至三公。

示葬地

【原文】

孙钟种瓜为业。一日，三人造门，钟设瓜分饮。三人曰："示子葬地，下山百步，勿反顾。"钟步六十步，回首见三白鹤飞去，遂葬其母，钟后生坚。

【译文】

孙钟以种瓜为业。一天，有三个人登门拜访，孙钟将瓜分给那三个人食用。三个人说："我们指给你一个墓葬的风水之地，下山走一百步，千万不要回头。”孙钟走了六十步，往回看，只见有三只白鹤凌空飞去，于是便在那里埋了他的母亲，后来孙钟便生了孙坚。

相家书

【原文】

方回著《山经》，有曰：“山川而能语，葬师①食无所。肺腑而能语，医师色如土。”

禹始肇②风水地理，公刘相阴阳，周公置二十四局，汉王况制五宅姓，管辂（lù）制格盘择葬地。

【注释】

①葬师：旧时丧葬中以看风水、择时日等迷信活动为业的人。

②肇：开始，初始。

【译文】

方回写了《山经》，书中说：“如果山川能说话，风水先生便断了生路。如果肺腑能说话，医生便断了生路。”

大禹开始开启了看风水和地理的习惯，公刘开始看阴阳，周公开始设置二十四局，汉代王况制定了五宅姓，管辂创制格盘来选择墓葬之地。

不卜日

【原文】

汉吴雄官廷尉。少时家贫，母死，葬人所不封①之地，丧事促办，不择日。术者②皆言其族灭，而子䜣（xīn）、孙恭，并三世为廷尉。

【注释】

①不封：不聚土筑坟。

②术者：指以占卜、星相等为职业的人。

【译文】

汉代的吴雄官为廷尉。他小时候家里很穷，母亲死了，只好埋到别人不要的地方，丧事也办得很仓促，来不及选择日子。风水先生都说他们的家族要消亡了，但他的儿子吴䜣、孙子吴恭，连他三代都官至廷尉。

乌山出天子

【原文】

梁武帝①时谣曰：“乌山出天子。”故江左山以乌名者皆凿，惟长兴雉山独完。后陈武帝霸先祖坟发此，其谣竟验。

【注释】

①梁武帝：萧衍（464—549），字叔达，小字练儿，南兰陵郡武进县东城里（今江苏省丹阳市访仙镇）人，南北朝时期梁朝政权的建立者。

【译文】

梁武帝时期，有童谣说："乌山出天子。"所以江南的山凡是用"乌"来命名的都被开凿以破坏风水，只有长兴的雉山完好无损。后来，陈武帝陈霸先的祖坟就埋在这里，那个童谣竟然应验了。

堪舆

【原文】

《扬子》："属堪舆以壁垒兮。"注："堪舆，天地总名也。"今人称"地师"曰"堪舆"。

【译文】

《扬子》说："属堪舆以壁垒兮。"注解："堪舆，就是天地的总名。"现在人称呼"风水先生"为"堪舆"。

牛眠

【原文】

陶侃①将葬亲，忽失一牛，不知所在。遇老父曰："前冈见一牛眠②处，其地甚吉，葬之，位极人臣。"侃寻之，因葬焉。

【注释】

①陶侃：（259—334），字士行，一作士衡。本为鄱阳郡枭阳县（今江西都昌）人，后徙居庐江郡寻阳县（今江西九江西）。东晋时期名将。

②眠：倒卧。

【译文】

陶侃在要埋葬亲人时，丢失一头牛，找不到在哪里。遇到一个老人说："前边山冈上看到一头牛卧着，那个地方是祥瑞之地，如果将人安葬在那里，后人一定可官居高位。"陶侃找到后，便把亲人埋在了那里。

卷十五 外国部

夷语

【原文】

撑犁孤涂，匈奴称天为“撑犁”，称子为“孤涂”。戎索，夷法也。鞮（dī），夷乐官名。倓（tàn），夷赎罪货也。喽丽，南方夷语也。象胥，译语人也。款塞，款，叩也。驰义，慕义而来也。区脱，胡人所作以备汉者也。阏氏，单于之后也。可汗，匈奴主号也。唐时匈奴尊天子为天可汗。弓闾（lǘ），出《卫青传》，即穹庐①也。

【注释】

①穹庐：古代游牧民族居住的毡帐。

【译文】

撑犁孤涂，匈奴称天为“撑犁”，称儿子为“孤涂”。戎索，是夷人的法律。鞮，是夷人乐官的名字。倓，就是夷人赎罪的财物。喽丽，是南方夷人的语言。象胥，从事翻译的人。款塞，款，即“叩”的意思。驰义，意为仰慕仁义而来。区脱，胡人建造来防备汉人的东西。阏氏，单于的皇后。可汗，匈奴君主的尊号。唐代时匈奴尊称唐代天子为天可汗。弓闾，出自《汉书·卫青传》，就是穹庐。

外译

【原文】

朝鲜国，周为箕子所封国。秦属辽东。汉武帝定朝鲜，置真番、临屯、乐浪、玄菟（tú）四郡，昭帝并为乐浪、玄菟二郡，汉末为公孙度所据。

【译文】

朝鲜国，周代的时候是箕子的封国。秦朝时属于辽东。汉武帝平定朝鲜，设置了真番、临屯、乐浪、玄菟四个郡，汉昭帝合并为乐浪、玄菟两个郡，汉末被公孙度所占据。

【原文】

日本国，古倭奴国，其国主以王为姓，历世不易。

【译文】

日本国，指古代的倭奴国，国主一直姓王，从来没有改朝换代。

【原文】

琉球国，国主有三：曰中山王，曰山南王，曰山北王。安南国，古南交地，秦为象郡。汉初，南越王赵佗①据之。

【注释】

①赵佗：（前 240—前 137），恒山郡真定县（今中国河北正定县）人，原为秦朝将领，秦末大乱时，赵佗割据岭南，建立南越国。赵佗是南越国第一代王和皇帝，公元前 203 年至公元前 137 年在位，号称“南越武王”“南越武帝”。

【译文】

琉球国，有三个君主：一个是中山王，一个是山南王，一个是山北王。安南国，就是古代的南交趾，秦朝时是象郡。汉朝初年，南越王赵佗占据了此地。

【原文】

占城国，古越裳氏界。秦为象郡林邑，汉属日南郡，唐号占城。至明洪武初入贡，诏封占城国王。

【译文】

占城国，就是古代越裳氏的国界。秦朝时是象郡的林邑，汉代属于日南郡，唐代称为占城。到明代洪武初年开始入贡，下诏封了占城国王。

【原文】

暹逻（xiān luó）国，本暹与罗斛

（hú）二国，暹乃汉赤眉①遗种。

【注释】

①赤眉：赤眉军，中国古代著名的农民起义军之一。

【译文】

暹逻国，本来是暹和罗斛两个国家，暹是汉代赤眉军的后裔。

【原文】

爪哇（zhǎo wā）国，古阇（dū）婆国。刘宋元嘉中，始通中国，后绝。元时称爪哇。明洪武初朝贡，永乐二年，赐镀金银印。

【译文】

爪哇国，就是古代的阇婆国。南朝刘宋元嘉年间，才开始与中国通好，后来便终绝了。元代的时候称其为“爪哇”。明代洪武初年前来朝贡，永乐二年的时候，赐给了他们镀金的银印。

【原文】

真腊国，扶南属国，亦名占腊。隋时始通中国，有水真腊、陆真腊，明洪武初入贡。

【译文】

真腊国，原是扶南的属国，也称“占腊”。隋朝时始与中国通好，有水真腊、陆真腊的区别，明代洪武初年入贡。

【原文】

满剌加国，前代不通中国，自明永乐初朝贡，赐印，诰封国王。九年，国王率其子来朝后，进贡不绝。

【译文】

满剌加国，以前与中国没有通好，从明代永乐初年开始朝贡，明朝也给它赐印，并以文书加封国王。永乐九年，他们的国王率领儿子前来朝贡之后，便开始进贡并无中断。

【原文】

三佛齐国，南蛮别种，有十五州。唐始通中国，明洪武初朝贡，赐驼纽镀金印。

【译文】

三佛齐国，南蛮的另一支，有十五个州。唐代时才开始与中国通好，明代洪武初年开始朝贡，赐给他们驼纽镀金印。

【原文】

苏门答剌（là）国，前代无考。明洪武中，奉金叶表，贡方物；永乐初，给印诰封之。

【译文】

苏门答剌国，明代以前无法考证。明代洪武年间，奉上用金叶书写的表文，进贡了当地的特产；永乐初年，赐给他们印和诰文。

【原文】

苏禄国，国分东西峒，凡三王：东王为尊，西峒二王次之。明永乐间，王率妻子来朝，次德州，卒。葬以王礼，谥曰恭定。遣其妃妾还国。

【译文】

苏禄国分为东西两峒，共有三个王：东王为尊，西峒的两个王次之。明代永乐年间，其国王率领妻子和儿子来中国朝见，住在德州，死了。中国按照王的礼法来埋葬了他，并赐他谥号为恭定。并让他的妃妾回国。

【原文】

彭亨国，其前无考。明洪武十一年，遣使表，贡方物。永乐十二年，复入贡。

【译文】

彭亨国，此前无法考证。明代洪武十一年派了使者，并进贡特产。永乐十二年再次入贡。

【原文】

锡兰山，古无可考。明永乐间，太监郑和①俘其王以归，乃封其族人耶巴乃那为王，国人以其贤，故封之。正统天顺间，遣使朝贡。

【注释】

①郑和：（1371—1433），明朝太监，原姓马，名和，小名三宝，又作三保，云南昆阳（今晋宁昆阳街道）宝山乡知代村人。中国明朝航海家、外交家。

【译文】

锡兰山，古代已无法考证。明代永乐年间，太监郑和将其国王虏回国，封了他们族的耶巴乃那为国王，那国的百姓因为此人品德贤良，所以封他。正统、天顺年间，曾派使者来朝贡。

卷十六 植物部

草木

峄阳孤桐

【原文】

在峄（yì）县峄山之上，自三代至今，止存一截。天启年间，妖贼倡乱，取以造饭，形迹俱无。

【译文】

峄县的峄山上有一棵峄阳孤桐树，从三代到现在已经只剩下一截。明代天启年间，有人叛乱，用它来烧饭，孤桐便不见了踪迹。

虞美人草

【原文】

虞美人①自刎，葬于雅州名山县，冢中出草，状如鸡冠花，叶叶相对，唱《虞美人曲》，则应板②而舞，俗称虞美人草。

【注释】

①虞美人：虞姬，是楚汉之争时期西楚霸王项羽的美人，名虞（一说姓虞），生卒年、出生地、结局等均无定论，曾在四面楚歌的困境下一直陪伴在项羽身边，项羽为其作《垓下歌》。相传虞姬容颜倾城，才艺并重，舞姿美艳，并有“虞美人”之称。后人曾根据《垓下歌》，以及相传是虞姬所作的《和垓下歌》，臆想她的结局是在楚营内自刎，由此形成了一段关于“霸王别姬”的传说。

②板：演奏民族音乐或戏曲时打节拍的乐器，又指歌唱的节奏。

【译文】

虞美人自刎之后，葬于雅州的名山县。她的墓上长出一种形如鸡冠花的草，叶子都相对而生，如果有人唱《虞美人曲》，这株草便会随着节拍跳舞，所以称为虞美人草。

蓍草

【原文】

千岁则一本，茎其下必有神龟守之，用以揲蓍①。多生于伏羲陵与文王陵上。

【注释】

①揲蓍（shé shī）：数蓍草。古代问卜的一种方式。

【译文】

蓍草一千年才长一棵，草茎下一定有神龟庇护，用于揲蓍占卜。大多数都生长在伏羲陵与文王陵上。

唐槐

【原文】

峄县孟子庙，有唐太宗手植槐，枝叶蓊郁，躯干茁壮而矮。

【译文】

峄县的孟子庙中，有唐太宗亲手种植的槐树，槐树枝叶浓密，树干茁壮，只是有些低矮。

赤草

【原文】

刘小鹤言：未央宫址，其地丈馀，草皆赤色，相传为韩淮阴①受刑之处，其怨愤之气郁结而成。

【注释】

①韩淮阴：即淮阴侯韩信（前231—前196），淮阴（原江苏省淮阴县，今淮安市淮阴区）人，西汉开国功臣，中国历史上的杰出军事家。

【译文】

刘小鹤说：未央宫所在地，有一丈大的地上长的草是红色的，据说是淮阴侯韩信受刑的地方，他的怨气未能抒发结成这种草。

桐历

【原文】

桐知日月正闰。生十二叶，边有六叶，从下数一叶为一月，闰则十三叶，叶小者即知闰何月也。不生则九州异君。

【译文】

桐树知道日子、月份和正闰。生有十二片叶子，每边有六片，从下往上数一片叶子为一月，若有闰月就有十三片叶子，叶子小的就代表闰月。如果不生叶子，那天下就要改换君主了。

知风草

【原文】

南海有草，丛生，如藤蔓。土人视其节，以占一岁之风，每一节则一风，无节则无风，名曰知风草。

【译文】

南海有一种丛生如藤蔓的草。当地人用它来占卜这一年的风，一节就有一风，没有节则无风，名叫“知风草”。

蒌叶藤

【原文】

叶似葛蔓附于树，可为酱，即《汉书》所谓蒟（jǔ）酱也，实似桑椹，皮黑、肉白、味辛，合槟榔食之，御瘴气①。

【注释】

①瘴气：指南部、西南部地区山林间湿热蒸发能致病之气。

【译文】

蒌叶藤的叶子像葛，蔓缠绕在树上，可做成酱，就是《汉书》中所说的“蒟酱”，果实像桑葚，皮黑肉白、味辛辣，与槟榔一起吃，可以抵御瘴气。

巨楠

【原文】

赤城阁前有巨楠，高数十寻，围三十尺，世传范寂手植。寂得长生久视之术，先主累召不赴，封逍遥公。

【译文】

赤城阁前长着一棵高几十丈，粗有三十尺的巨楠，相传是范寂亲手种植的。范寂学得了长生不老术，先主多次征召也未去，便封其为逍遥公。

花卉

兰花

【原文】

蜜蜂采花，凡花则足粘而进。采兰花则背负而进，盖献其王也。进他花则赏以蜜，进稻花则致之死，蜂王之有德若此。

【译文】

蜜蜂采花时，若是普通的花就用脚将花粉沾走，若是兰花就背着花粉走，因为这是要献给蜂王的。如果进献其他花的话，蜂王就会赏赐蜂蜜，而进献稻花的话，蜂王会赐死，蜂王的有德就像这个样子。

婪尾春

【原文】

桑维翰[①]曰：唐末文人以芍药为婪尾春者，盖婪尾酒乃最后之杯，芍药殿春，故名。唐留守李迪以芍药乘驿进御，玄宗始植之禁中。

【注释】

①桑维翰：（898—947），字国侨，五代十国时期后晋大臣。唐朝河南府洛阳人。

【译文】

桑维翰说：唐末文人把芍药叫作“婪尾春”，是因为婪尾酒是宴席上的最后一杯酒，而芍药花也恰好在春天快结束时开放，因此得名。唐代留守李迪把芍药装在驿车内进献给皇帝，唐玄宗开始将芍药花种植在宫中。

姚黄魏紫

【原文】

《西京杂记》：牡丹之奇者，有姚家黄、魏家紫。

【译文】

《西京杂记》记载：牡丹花中最为奇异的品种，有姚家黄、魏家紫。

国色天香

【原文】

唐文宗[①]内殿赏花，问程修已[②]曰：“京师传唱牡丹者谁称首？”对曰：“李正封[③]云，国色朝酣酒，天香夜染衣。”帝因谓妃曰：“妆镜前饮一紫金盏，正封之诗可见矣！”

【注释】

①唐文宗：李昂（809—840），原名李涵，唐朝第十四位皇帝。

②程修已：字景立，唐朝画家，冀州人。

③李正封：字中护，唐代陇西（今甘肃临洮）人。代表作《牡丹诗》，清新灵动，诗情中富含画意，为咏花之佳作。

【译文】

唐文宗正在在内殿赏花，问程修己："京城中传唱的歌颂牡丹的诗作，谁作得最好？"程修己回答："李正封作说：'国色朝酣酒，天香夜染衣。'"唐文宗便对贵妃说："请你在化妆镜前用紫金盏喝一杯酒，李正封的诗句就可以出现了。"

茶花

【原文】

以滇茶为第一，日丹次之。滇茶出自云南，色似衢（qú）红，大如茶碗，花瓣不多，中有层折，赤艳黄心，样范可爱。

【译文】

茶花以滇茶为第一，日丹次之。滇茶产于云南，为大红色，茶碗一般大小，花瓣不多，花瓣中间多有分层和皱褶，红花黄心，模样生得可爱。

美人蕉

【原文】

其花四时皆开，深红照眼，经月不谢。

【译文】

美人蕉，一年四季都盛开，颜色深红亮眼，开放一个月也不会凋谢。

海棠香国

【原文】

昔有调昌州守者，求易便地。彭渊才闻而止之，曰："昌，佳郡守也！"守问故，曰："海棠患，患无香，独昌地产者香，故号海棠香国，非佳郡乎？"

【译文】

从前有个人调任到昌州为守，他想请求换一个方便的地方。彭渊才制止他说："昌州是个好地方啊！"那个州守问他原因，他说："海棠最大的缺点，就在于没有香气，但只有昌州产的海棠有香气，所以号称为'海棠香国'，这难道不是一个好地方吗？"

卷十七 四灵部

飞禽

精卫鸟

【原文】

炎帝女溺死渤澥[1]海中，化为精卫鸟，日衔西山木石，以填渤澥，至死不倦。

【注释】

①渤澥（bó xiè）：古代称东海的一部分，即渤海。

【译文】

炎帝的女儿在渤澥海里淹死，化成精卫鸟，每天都会衔来西山的木头石块，填渤澥海，到死都不停。

杜鹃

【原文】

蜀有王曰杜宇，禅位于鳖灵，隐于西山，死，化为杜鹃。蜀人闻其鸣，则思之，故曰望帝。又曰杜鹃生子寄于他巢，百鸟为饲之。

【译文】

蜀地国王杜宇将位让给了鳖灵，然后自己隐居在西山，死后变成杜鹃。蜀人听到它的鸣叫，就会思念他，所以又称为望帝鸟。还有一种说法，说杜鹃把自己的孩子放在别的鸟窝，其他鸟便养育它。

雁书

【原文】

苏武[1]使匈奴，留武于海上牧羝（dī）。汉使求之，匈奴诡言武死。常惠教使者曰："天子在上林射雁，雁足上系帛书，言武在某泽中。"单于惊谢，乃遣武还。《礼记》："鸿雁来宾。"

【注释】

①苏武：（前140—前60），字子卿，杜陵（今陕西西安）人，西汉大臣。天汉元年奉命以中郎将持节出使匈奴，被扣留。

【译文】

苏武出使匈奴，匈奴人故意把他留在北海边放羊。汉朝的使者来找苏武，匈奴人谎称苏武已死。常惠给使者出主意说："你们就说天子在上林苑射到一只雁，大雁的脚上绑着帛写的书信，说苏武在某某大泽之中。"单于听后十分惊讶，连忙谢罪，这才让苏武回朝。《礼记》有"鸿雁来宾"的话。

孤雁

【原文】

张华曰：雁夜栖川泽中，千百成群，必使孤雁巡更，有警则哀鸣呼众。故师旷《禽经》曰："群栖独警。"

【译文】

张华说：夜里，大雁千百成群地栖息在大河或沼泽中，一定会让一只大雁巡更，如果发现有危险就鸣叫几声，以此来告诉其他大雁。所以师旷的《禽经》说："群栖独警。"

飞奴

【原文】

张九龄①家养群鸽，每与亲知书，系鸽足上，移之，呼为飞奴。

【注释】

①张九龄：（678—740），字子寿，一名博物，谥文献。唐朝韶州曲江（今广东省韶关市）人，世称"张曲江"或"文献公"。唐朝开元年间名相，诗人。

【译文】

张九龄家里养了一群鸽子，每次与亲朋好友写书信，都会将书信系在鸽子脚上去送，称为"飞奴"。

鸩毒

【原文】

《左传》："宴安鸩毒，不可怀也。"鸩，毒鸟也，黑身赤目，食蝮蛇，以其毛沥饮食则杀人。

【译文】

《左传》记载："宴安鸩毒，不可怀也。"鸩，是一种毒鸟，身体是黑的，眼睛是红的，爱吃蝮蛇，用它的毛蘸过的食物可以毒死人。

走兽

药兽

【原文】

神农时有民进药兽。有人疾，则拊①其兽，授之语，语毕，兽辄如野外，衔一草归，捣汁服之即愈。帝命风后记其何草，起何疾。久之，如方悉验。虞卿曰："神农师药兽而知医。"

【注释】

①拊：拍。

【译文】

神农时期，有个人进献了一头药兽。如果有人得了病，摸摸这头药兽，跟它说话，药兽就会到野外衔回一棵草来，把草捣出汁喝了，病就好了。神农命令风后记住它衔回来什么草治什么病。时间久了，这些药方都得到了验证。虞卿说："神农以药兽为师从而学会了医术。"

白狐

【原文】

禹年三十未娶，行涂山，有白狐九尾造禹。涂山人歌曰："白狐绥绥，九尾庞庞。成子家室，乃都攸昌。"禹遂娶之，谓之女峤。

【译文】

大禹三十岁没有娶妻，路过涂山时，有一只九尾白狐前来拜见。涂山人唱："白狐绥绥，九尾庞庞。成子家室，乃都攸昌。"大禹于是就娶她为妻，称其为女峤。

野兔

【原文】

文王①囚于羑（yǒu）里七年，其子伯邑考往视父。纣呼与围棋，不逊，纣怒杀伯邑考，醢②之，令人送文王食。命食毕，而后告，文王号泣而吐之，尽变为野兔而去。

【注释】

①文王：（前 1152—前 1056），姓姬，名昌，西周奠基人。

②醢（hǎi）：古代的一种酷刑，把人杀死后剁成肉酱。

【译文】

周文王在羑里被囚禁七年，他的儿子伯邑考前去探望父亲。纣王命他来下棋，他态度不好，纣王一怒之下杀了伯邑考，把他剁成肉酱，送给周文王吃，并在周文王吃完后告诉他真相。文王听后大声痛哭，把吃的东西都吐了出来，吐出的东西竟然变成一只野兔跑了。

风马牛

【原文】

马喜逆风而奔，牛喜顺风而奔，故北风则牛南而马北，南风则牛北而马南。故曰风马牛不相及也。

【译文】

马喜欢迎风奔跑，牛喜欢逆风奔跑，因此如果吹北风那么牛向南跑而马向北跑，吹南风则牛向北跑而马向南跑。所以说“风马牛不相及”。

猫

【原文】

出西方天竺国，唐三藏①携归护经，以防鼠啮②，始遗种于中国。故“猫”字不见经传。《诗》有“貓（māo）”，《礼记》“迎貓”，皆非此猫也。

【注释】

①唐三藏：玄奘（602—664），唐代著名高僧，法相宗创始人，洛州缑（gōu）氏（今河南洛阳偃师）人，俗家姓名“陈祎（yī）”，法名“玄奘”，被尊称为“三藏法师”，后世俗称“唐僧”。

②啮（niè）：咬。

【译文】

猫来自于西方的天竺国，唐三藏为了保护经书不被老鼠啃食，才把猫带了回来，猫这才开始在中国繁衍。所以“猫”字在古代的书籍中没有记载。《诗经》有“貓”字，《礼记》中的“迎貓”，并不是指这种猫。

沐猴

【原文】

小猴也，出罽（jì）宾国。史言“沐猴而冠”，以“沐”为“沐浴”之“沐”者，非是。

【译文】

沐猴就是一种小猴，出自罽宾国。《汉书》中说“沐猴而冠”，把“沐”当作“沐浴”的“沐”是错的。

刑天

【原文】

兽名，即浑沌，见《山海经》。能挟干戚①而舞。陶渊明诗“刑天舞干戚”，今误作“刑天無（wú）干戚”。

【注释】

①干戚：盾与斧。古代的两种兵器。

【译文】

刑天是野兽的名字，就是“浑沌”，《山海经》中有记载。相传能拿着盾和斧挥舞。陶渊明有“刑天舞干戚”的诗句，现在误为“刑天無干戚”。

猬

【原文】

形若彘①，常在地食死人脑。欲杀之，当以柏插其墓。故今墓上多种柏树。一名蝹（yūn）。秦缪公时，陈仓人掘地得之。

【注释】

①彘（zhì）：猪。

【译文】

猬长得像野猪，经常在地下吃死人的脑子。想要杀它，就把柏树枝插在坟墓上。所以现在的坟墓上有很多柏树。猬又叫蝹。秦缪公的时候，陈仓人挖地时挖到了一个。

猾

【原文】

无骨，入虎口，不能噬，落虎腹中，则自内噬出。《书》曰："蛮夷猾夏。"则取此义。

【译文】

猾这种野兽没有骨头，到了虎的嘴里，虎也无法咬，进入虎的肚子里，就会从里面咬出来。《尚书》说"蛮夷猾夏"，就是取用此义。

驯獭

【原文】

永州养驯獭（tǎ），以代鸬鹚①没水捕鱼，常得数十斤，以供一家。鱼重一二十斤者，则两獭共畀②之。

【注释】

①鸬鹚（lú cí）：水鸟。

②畀（bì）：给予。

【译文】

永州驯养水獭，是为了代替鸬鹚去水里捕鱼，而且经常能一次捕到几十斤，已经足够供应一家人的使用。如果有重达一二十斤的鱼，就两只水獭一起抬出来。

舞象

【原文】

唐明皇①有舞象数十。禄山②乱，据咸阳，出舞象，令左右教之拜。舞象皆努（nǔ）目不动，禄山怒，尽杀之。

【注释】

①唐明皇：即唐玄宗李隆基（685—762），公元712年至公元756年在位，是唐朝在位最长的皇帝。

②禄山：安禄山（703—757），营州（今辽宁朝阳）人，本姓康，名轧荦

山。安禄山是唐代藩镇割据势力之一的最初建立者，也是安史之乱的祸首之一，建立燕政权，年号圣武。

【译文】

唐明皇有几十头舞象。安禄山反叛，占据咸阳，放出舞象，命令左右的人教它们向自己朝拜。舞象都愤怒地瞪着眼睛不动，安禄山大怒之下杀了这些舞象。

马首是瞻

【原文】

晋荀偃①曰："鸡鸣而驾，塞井夷灶，惟余马首是瞻！"

【注释】

①荀偃：（？—前554），姬姓，中行氏，名偃，字伯游，谥号"献"，又称中行偃（先秦时期男子称氏不称姓，虽为姬姓，却不叫姬偃），因中行氏出自荀氏，故又多称荀偃，时人尊称其中行伯，史称中行献子。荀偃是春秋中期晋国卿大夫，六卿之一。

【译文】

晋国的大将荀偃对部下说："鸡一打鸣就出兵，把井填上，把灶推平，全部人看我的马头所向行事！"

指鹿为马

【原文】

秦赵高①欲专权，乃先设验，持鹿献二世，曰："马也！"二世笑曰："丞相误也，谓鹿为马。"问左右，或默，或言。高阴中言鹿者以法。

【注释】

①赵高：（？—前207），嬴姓，赵氏。中国秦朝二世皇帝时丞相，著名宦官（一说并非宦官）。

【译文】

秦朝的赵高想专权，先做了一个实验，他牵着一头鹿献给了秦二世，说："这是马！"秦二世笑着说："丞相错了，你这分明是指鹿为马。"问旁边的人，有的人沉默不语，有的人说了话。赵高就暗中杀害了那些说是鹿的人。

守株待兔

【原文】

《韩子》：宋人有耕者，田畔有株①，兔走触之，折颈而死，因释耕守株，觊②复得兔，为宋国笑也。

【注释】

①株：露出地面的树根。

②觊：希望得到。

【译文】

《韩非子》记载：有个宋人在耕地，田地旁边有棵树，突然跑来一只兔子撞到树上死了，那个人便不再辛苦耕地了，天天守着那棵树等兔子撞死在树上，希望能再次得到兔子，这成为宋国的笑话。

鹿死谁手

【原文】

石勒①曰："使朕遇汉高，当北面事之。若遇光武，可与并驱中原，未知鹿死谁手。"

【注释】

①石勒：（274—333），字世龙，初名石勹（bāo）背，小字匐勒，羯（jié）族，上党武乡（今山西榆社）人。十六国时期后赵建立者，史称后赵明帝。也是中国历史上唯一一个奴隶皇帝。

【译文】

石勒说："如果遇到汉高祖，我会当面向他称臣。如果遇到光武帝，我可以和他并驱中原，鹿死谁手不到最后一切都是未知数。"

续貂

【原文】

《晋书》：赵王伦[1]篡位，奴卒亦加封秩[2]，貂蝉满座。语曰："貂不足，狗尾续！"

【注释】

①伦：（？—301），司马伦，字子彝，藩王，八王之乱的参与者之一。曾一度登基称帝，然不久即退位，故他的皇帝身份不被史学界承认。

②封秩：封官授禄。

【译文】

《晋书》记载：赵王司马伦篡位，奴仆兵卒都加官晋爵，满座都是官员佩戴的貂蝉。当时的俗话说："貂不足，狗尾续！"

卷十八 荒唐部

鬼神

伯有为厉

【原文】

郑子皙杀伯有，伯有为厉。赵景子谓子产曰：“伯有犹能为厉乎？”子产曰：“能。人生始化曰魄。既生魄，阳曰魂。用物精多，则魂魄强，是以有精爽至于神明。匹夫匹妇强死，其魂魄犹能凭依于人，以为淫厉，况良宵三世执其政柄而强死，其能为鬼，不亦宜乎！”

【译文】

郑国有个叫子皙的人杀死了本国的伯有，伯有死后化为厉鬼。赵景子对子产说：“伯有真的能变成厉鬼吗？”子产说：“可以。人刚死去叫作魄。变成魄之后，阳气叫作魂。在世的时候如果衣食等精美丰富，其魂魄就强大，因此有现形的能力，一直达到神化。对普通人而言，不论男女，不得善终的，他们的魂魄还能依附在别人身上，以大肆惑乱，更何况伯有在我国三世执政却最终横死，他变成厉鬼，不也是情理之中吗？”

豕立人啼

【原文】

齐侯①田于贝丘，见大豕②，从者曰：“公子彭生也。”豕人立而啼。

【注释】

①齐侯：齐襄公（？—前686），姜姓，吕氏，名诸儿，春秋时期齐国第十四位国君，公元前698年至公元前686年在位，在位期间，荒淫无道，昏庸无能，与其异母妹文姜乱伦，派彭生杀害妹夫鲁桓公，而后再杀彭生以向鲁国交代。

②豕（shǐ）：猪。

【译文】

齐襄公在贝丘打猎时，看到一只大猪，跟随的人说：“这是被主公杀死的公子彭生。”那只猪像人一样立起来啼叫。

披发搏膺

【原文】

晋侯杀赵同、赵括，及疾，梦大厉鬼披发搏膺①而踊，曰："杀予孙，不义。余得请于帝矣！"

【注释】

①搏膺（yīng）：捶击胸口。表示愤怒、不平或哀痛。

【译文】

晋侯杀了赵同和赵括，后来得了病，梦到一个披头散发的厉鬼，拍着胸脯跳着说："是你杀了我孙子，这是不义，我已经请求上天为我申诉冤屈了。"

魑魅争光

【原文】

嵇中散①灯下弹琴。有一人入室，初来时，面甚小，斯须转大，遂长丈馀，颜色甚黑，单衣革带。嵇熟视良久，乃吹火灭，曰："耻与魑魅②争光！"

【注释】

①嵇（jī）中散：嵇康（224—263），字叔夜。谯（qiáo）国铚（zhì）县[今安徽省濉（suī）溪县]人。三国曹魏时著名思想家、音乐家、文学家。

②魑魅（chī mèi）：古谓能害人的山泽之神怪。亦泛指鬼怪。

【译文】

嵇康在灯下弹琴。隐约有一个人进到屋里，刚来的时候，脸很小，过了一会儿就变大了，长有一丈多，颜色发黑，穿着单衣，系着皮带。嵇康仔细打量了很久，吹灭了灯，说："我不屑于和鬼来争用一盏灯！"

厕鬼可憎

【原文】

阮侃①尝于厕中见鬼，长丈馀，色黑而眼大，著皂②单衣，平上帻，去之咫尺。侃徐视，笑语之曰："人言鬼可憎，果然！"鬼惭而退。

【注释】

①阮侃：字德如，陈留郡人。

②皂：黑色。

【译文】

阮侃曾经在厕所见到一个一丈多长的鬼，黑色，大眼，穿着黑色的衣服，戴着平的头巾，和阮侃离得很近。阮侃慢慢凑近它看，笑着说：“人们都说鬼难看，果然如此。”那个鬼惭愧地走了。

怪异

旱魃

【原文】

南方有怪物如人状，长三尺，目在顶上，行走如风。见则大旱，赤地千里。多伏古冢中。今山东人旱则遍搜古冢，如得此物，焚之即雨。

【译文】

南方有一种长得像人的怪物，有三尺高，眼睛长在头顶上，走路像一阵风。它如果出现，就会大旱，千里之地都颗粒无收。它一般在古墓中藏身。现在山东人如果遇到大旱就在古墓里搜寻，如果得到这种东西，就把它烧了，不久就会下雨。

两牛斗

【原文】

李冰①，秦昭王使为蜀守，开成都两江，溉田万顷。神岁取童女二人为妇。冰以其女与神为婚，径至神祠，劝神酒，酒杯恒澹澹。冰厉声以责之，因忽不见。良久，有两牛斗于江岸旁。有间，冰还，流汗谓官属曰：“吾斗疲极，当相助也。南向腰中正白者，我绶也。”主簿刺杀北面者，江神遂死。

【注释】

①李冰：（前302—前235），号称陆海，战国时代著名的水利工程专家。公元前256年至公元前251年被秦昭王任为蜀郡（今成都一带）太守。期间，李冰治水，创建了奇功，其建堰的指导思想，就是道家的“道法自然”“天人合一”的思想。他征发民工在岷江流域兴办许多水利工程，其中以他和其子一同主持修建的都江堰水利工程最为著名。

【译文】

李冰奉秦昭王之命在蜀地任职太守，他开凿了成都两江，灌溉了万顷田地。江神每年都会娶两个年龄小的女孩为妻子。李冰便将自己的女儿嫁给了江神，直接送到江神祠，劝江神喝酒，酒杯里的酒一直荡漾。李冰大喝一声，斥责江神，然后人便不见了。过了很久，有两头牛在江边打斗。再过了一会儿，李冰回来了，满身是汗地对下属说：“我斗得十分疲惫，你们应当帮助我。面朝南并且腰中间是白色的那头牛，那是我变的。”主簿便帮着刺杀了面向北的牛，江神便死了。

随时易衣

【原文】

卢多逊[1]既卒，许归葬。其子察护丧，权厝[2]襄阳佛寺。将易以巨榇[3]，乃启棺，其尸不坏，俨然如生。遂逐时易衣，至祥符中亦然。岂以五月五日生耶！彼释氏得之，当又大张其事，若今之所谓无量寿佛者矣。

【注释】

①卢多逊：（934—985），怀州河内（今河南沁阳）人，北宋宰相。

②权厝（quán cuò）：临时置棺待葬。

③榇（chèn）：棺材。

【译文】

卢多逊流放而死后，朝廷允许将其归葬原籍。他的儿子卢察护丧，暂时将父亲的灵柩安放在襄阳的寺庙里。想要换一个大点的棺材，打开后发现父亲的尸体没有一点腐坏的迹象，就跟活着一样。于是时常给父亲换衣服，到了大中祥符年间依然如此。难道因为他是五月初五出生的吗！要是让佛教里的人遇到这些事，又会大张旗鼓了，就像现在所说的无量寿佛一样了。

见怪不怪

【原文】

宋魏元忠[1]素正直宽厚，不信邪鬼。家有鬼祟，尝戏侮公，不以为怪。鬼敬服曰：“此宽厚长者，可同常人视之哉？”

【注释】

①魏元忠：（？—707），原名真宰，宋州宋

城县（今河南商丘睢阳区）人，唐朝宰相。

【译文】

宋州的魏元忠向来是一个正直宽厚，不信邪、不信鬼的人。家里有鬼作祟，还戏耍他，他也不觉得怪异。于是，鬼对他既尊敬又佩服，说：“这是一个宽厚的长者，怎么能将其与一般人一样看待呢？”

苌弘血化碧

【原文】

苌（cháng）弘墓在偃师。弘，周灵王贤臣，无罪见杀。藏其血，三年化为碧。

【译文】

苌弘的墓在偃师。他是周灵王的贤臣，没有犯错却被杀害了。他的血被藏了起来，三年后变成了碧玉。

卷十九 物理部

物类相感

【原文】

磁石引针。

琥珀摄芥。

蟹膏投漆，漆化为水。

皂角入灶突烟煤坠。

胡桃带壳烧红，其火可藏数日。

【译文】

磁石能吸引针。

琥珀能吸住芥子。

把螃蟹的蟹黄放到漆里，漆就会变成水。

把皂角放到灶里可以让烟囱上的煤灰脱落。

把核桃带壳烧红，里面的火可几天不灭。

【原文】

酸浆入盂，水垢浮。

灯芯能碎乳香。

撒盐入火，炭不爆。

用盐擂椒，椒味好。

川椒麻人，水能解。

【译文】

把醋倒进坛子里，可以清除水垢。

灯芯可以让乳香碎裂。

把盐撒入火里，炭就不会爆裂。

碾花椒时放点盐，花椒的味道好。

四川花椒很麻，可以用水解。

【原文】

五月五日收虾蟆，能治疟①，又治儿疳②。

香油抹龟眼，则入水不沉。

唾沫蝶翅，则当空高飞。

乳香久留，能生舍利。

羚羊角能碎佛牙。

【注释】

①疟（nüè）：一种发冷发烧的急性传染病。

②疳（gān）：中医指小儿的肠胃病。

【译文】

五月五日是获取的虾蟆的日子，能治疗疟疾，还能治儿疳。

香油抹在乌龟眼上，进入水中就不会沉。

把唾沫喷到蝴蝶翅膀上，它就可以在空中高飞。

乳香放置的时间久了，能产生舍利。

用羚羊角可以打碎佛牙。

【原文】

柿煮蟹不红。

橙合酱不酸。

麸见肥皂则不就。

荆叶辟蚊，台葱辟蝇。

唾津可溶水银，茶末可结水银。

薄荷去鱼腥。

【译文】

用柿子煮螃蟹能让螃蟹不红。

把橙子放到酱里酱就不酸。

麸子遇到肥皂便不好了。

荆叶能驱蚊，台葱可以驱蝇。

唾液可以溶解水银，茶叶末可以凝结水银。

薄荷可以除去鱼腥。

【原文】

蜡烛风吹有泪，以盐少许实缺处，泪即止。

烧蜡有缺，嚼藕渣补之，即不漏。

写绢上字，以姜汁代水磨墨，则不沁。

蒲花和石灰泥壁及缸坛，胜如纸筋。

【译文】

风吹蜡烛会流下烛泪，用少许盐堵住流泪的缺口，泪就停了。

点蜡时如果有缺口，嚼一些藕渣补上，就不再漏了。

在绢上写字，如果用姜汁代替水来磨墨，那么写的字就不会沁到另一面去。

用蒲花掺石灰来泥墙壁或者水缸、坛子，比用纸筋效果更好。

【原文】

蓖麻子水研写字，只如空纸付去，以灶煤红丹糁①之，字即现。

鸡子清调石灰粘瓷器，甚妙。

金遇铅则碎。

核桃与铜钱同嚼，则钱易碎。

【注释】

①糁（sǎn）：涂抹，粘。

【译文】

用蓖麻子加水研磨后写字，看着是一张白纸，但用灶里的煤灰或红丹染一下，字就出现了。

鸡蛋清调石灰，用来粘接瓷器的效果很好。

金子遇到铅就会碎。

把核桃和铜钱放在一起嚼，钱容易碎。

【原文】

水银撒了，以青石引之，皆上石。

伏中不可铸钱，汁不消，名炉冻。

菟丝无根而生，蛇无足而行，鱼无耳而听，蝉无口而鸣。龙听以角，牛听以鼻。

石脾入水则干，出水则湿。独活有风不动，无风自摇。

【译文】

水银洒了，若用青石引导，洒了的水银都会到石头上来。

三伏天气不铸钱币，因为铁汁不消融，称为炉冻。

菟丝子无根却能生长，蛇没有脚却能行走，鱼没有耳朵却能听到声音，蝉没有嘴却能鸣叫。龙用角来听，牛用鼻子来听。

石脾是含矿物质的咸水蒸发后凝结成的东西，入水便干，出了水却显得湿。独活有风的时候不动，没有风的时候却自己摇摆。

身体

【原文】

指甲有垢者，白梅与肥皂同洗则净。

弹琴指甲薄者，僵蚕烧烟熏之则厚。

染头发，用乌头、薄荷入绿矾染之。

【译文】

指甲里有污垢，用白梅和肥皂一起洗就干净了。

弹琴的人嫌指甲薄的，可以用僵蚕烧出烟来熏就会变厚。

染头发，可以用乌头、薄荷再加入绿矾来染。

【原文】

干洗头，以蒿本、白芷等分为末，夜擦头上，次早梳之，垢秽自去。

狐臭，以白灰、陈醋和，傅腋下。一方以煅过明矾擦之，尤妙。

【译文】

干洗头的方法，用蒿草根、白芷等研磨成粉，晚上擦在头上，第二天早上梳掉，脏东西自然就没有了。

去狐臭，可以把白灰和陈醋掺到一起，涂在腋下。另一方法是用烧过的明矾来擦拭，效果更好。

【原文】

女儿缠足，先以杏仁、桑白皮入瓶内煎汤，旋下硝、乳香，架足瓶口熏之。待温，倾出盆中浸洗，则骨软如绵。

洗浴去身面浮风，以芋煮汁洗之，忌见风半日。

【译文】

女孩缠足，先用杏仁、桑白皮放到瓶子里熬汤，然后加入硝和乳香，把脚放到瓶口来熏。等水温了，倒入盆里泡着洗，骨头就会变柔软。

洗澡时要去除身体和脸上的风尘，用山芋煮汁来洗，不过洗后半天不可见风。

衣服

【原文】

夏月衣霉，以东瓜汁浸洗，其迹自去。

北绢黄色者，以鸡粪煮之即白，鸽粪煮亦好。

墨污绢，调牛胶涂之，候干揭起，则墨与俱落，凡绢可用。

血污衣，用溺①煎滚，以其气熏衣，隔一宿以水洗之，即落。

【注释】

①溺（niào）：尿。

【译文】

夏天衣服发霉，用冬瓜汁泡一下再洗，就能洗干净。

北绢发黄了，用鸡粪来煮就立刻变白了，用鸽粪煮也不错。

丝绢染上墨汁，调些牛胶涂抹，等干了揭起来，墨迹就会与牛胶一起脱落，只要是绢类都可以。

血弄脏了衣服，用烧开的尿液的蒸汽熏衣服，隔一晚上再用水洗，就可以洗掉。

【原文】

槐花污衣，以酸梅洗之。

绢作布夹里，用杏仁浆之，则不吃绢。

伏中装绵布衣，无珠；秋冬则有。以灯芯少许置绵上，则无珠。

【译文】

槐花弄脏了衣服，可用酸梅洗净。

用绢作布的夹里，若先用杏仁来浆洗，就不会脱线。

夏天缝制绵衣，棉花不会起球；而秋、冬就会起球。在绵絮上放一点灯芯，就不会起球了。

饮食

【原文】

炙肉，以芝麻花为末，置肉上，则油不流。

糟蟹久则沙，见灯亦沙。用皂角一寸置瓶下，则不沙。

煮老鸡，以山楂煮即烂，或用白梅煮，亦妙。

枳实煮鱼则骨软，或用凤仙花子。

【译文】

烤肉时，将研成末的芝麻撒在肉上，肉里的油就不会流。

做的糟蟹时间久了就会变沙，见到灯光也会变沙。把一个一寸长的皂角放在瓶子下，就不会沙了。

煮老鸡，在水里加些山楂便能很快煮烂，也可以用白梅来煮。

用枳实来煮鱼，鱼刺会变软，也可以用凤仙花子。

【原文】

杨梅核与西瓜子，用柿漆拌，晒干，则自开，只拣取仁。

鸭蛋以硇（náo）砂画花写字，候干，以头发灰汁洗之，则花直透内。

炒白果、栗子，放油纸撚在内，则皮自脱。

【译文】

杨梅核和西瓜子，用柿漆拌一下，晒干，就能自动裂开，然后拣果仁了。

在鸭蛋上用火山灰画花写字，等干了，再用头发灰调制的水来洗，花纹就直接透过蛋壳进到里面了。

炒白果、栗子的时候放些油纸撚在里面，果壳就会自动脱落。

【原文】

夏月鱼肉放香油，耐久不臭。萝卜梗同煮银杏，则不苦。

煮芋，以灰煮之则酥。煮藕，以柴灰煮之，则糜烂，另换水放糖。

【译文】

夏天在鱼肉里放点香油，可以保存的时间长一点。萝卜梗和银杏一起煮，就不苦。

煮芋头，用灰来煮会变酥。煮藕，用柴灰来煮，就会稀烂，另换次水再放糖。

器用

【原文】

商嵌铜器以肥皂涂之，烧赤后，入梅锅烁之，则黑白分明。

黑漆器上有朱红字，以盐擦则作红水流下。

油笼漆笼漏者，以马屁浡①塞之，即止。肥皂围塞之，亦妙。

【注释】

①马屁浡：菌类。

【译文】

加了镶嵌装饰的铜器用肥皂涂一遍，烧红后，放到梅锅里烧，就会黑白分明。

黑漆器上的红字，用盐擦拭就会变成红水流下来。

油笼漆笼如果漏了，可用马勃菌来堵塞，或者用肥皂围塞。

【原文】

碗上有垢，以盐擦之。

水烀①炭缸内，夏月可冻物。

刀锈，木贼草擦之。

皂角在灶内烧烟，锅底煤并烟突煤自落。

【注释】

①烀（hū）：用少量的水，盖紧锅盖，加热，半蒸半煮，把食物弄熟 。

【译文】

碗上有污垢，可用盐拭去。

把水倒在木炭缸里，夏天可用来冻东西。

刀生锈了，用木贼草擦拭即可。

把皂角放在灶里烧出烟来，锅底的煤和烟囱里的煤灰会自动脱落。

文房

【原文】

研墨出沫，用耳膜头垢则散。

蜡梅树皮浸水磨墨，有光彩。

矾水写字令干，以五棓（bèi）子煎汤浇之，则成黑字。

【译文】

研墨时出来泡沫，用耳屎或头垢就可消去。

蜡梅树皮蘸水磨出来的墨汁，非常有光彩。

矾水写字、放干，再用五棓子煎汤浇它，就变成黑字。

【原文】

画上若粉被黑或硫烟熏黑，以石灰汤蘸笔，洗二三次，则色复旧。

萞麻子油写纸上，以纸灰撒之，则见字。一云杏仁尤妙。

冬月以酒磨墨，则不冻。

【译文】

画上的粉如果被黑色或者硫烟熏黑，用石灰汤蘸笔，洗两三次，颜色就跟以前一样了。

用萞麻子油在纸上写字，用纸灰撒在上面，就能看到字。有的说杏仁更好。

冬天用酒来磨墨，就不会冻。

果品

【原文】

收枣子，一层稻草一层枣，相间藏之，则不蛀。

藏栗不蛀，以栗蒲烧灰淋汁，浸二宿出之，候干，置盆中，以沙覆之。

藏西瓜，不可见日影，见之则芽。

【译文】

贮藏枣子的时候，铺一层稻草放一层枣，这样就不会出现被虫蛀的情况。

想要保存的栗子不被虫蛀，用栗蒲烧成灰用水调成汁，将栗子泡两个晚上再拿出来，晾干放在盆里，用沙子盖住即可。

贮藏西瓜的时候，不能让太阳照到，否则容易发芽。

【原文】

收鸡头，晒干入瓶，箬①包好，埋之地中。

藏金橘于绿豆中，则经时不变。

藏柑子，以盆盛，用干潮沙盖。木瓜同法。

收湘橘，用汤煮过瓶收之，经年不坏。

【注释】

①箬（ruò）：箬竹的叶子。

【译文】

把鸡头米晒干放到瓶中，用竹叶包好，埋到地下，保存的时间更长。

把金橘藏到绿豆中间，就长时间不会变坏。

贮藏柑子，要用盆来盛，并用干潮沙子盖住。贮藏木瓜用相同的方法。

收藏湘橘，用开水煮过的器皿收藏，就可以多年不坏。

菜蔬

【原文】

收芥菜子，宜隔年者则辣。

生姜，社①前收无筋。

茄子以淋汁过柴灰藏之，可至四五月。

小满前收腌芥菜，可交新。

葫芦照水种，则多生。或三四株，微去其薄皮，用肥土包作一株。麻皮扎好，其藤粗大生出者，止留一二个养老，其大如斗，可作器用。

【注释】

①社：古代指土地神和祭祀土地神的地方、日子以及祭礼。

【译文】

收取芥菜子，最好收隔年的，会很辣。

生姜，社日前收取的没有筋。

茄子在贮藏前洒些水放在柴灰里，可以保存到来年的四五月份。

小满前收取并腌制芥菜，可以吃到接上新菜的时候。

葫芦对着水种植，就会生很多。或有三四棵的，稍微把它的薄皮去掉一点，用肥土包成一棵，用麻皮捆扎好。如果藤很粗壮并生出葫芦的，可以留一两个长到老，就会有斗那么大，可做容器用。

花木

【原文】

冬青树接梅花，则开洒墨梅。

石榴树以麻饼水浇，则多生子。

养石菖蒲，无力而黄者，用鼠粪洒之。

花树虫孔，以硫磺末塞之。

木樨蛀者，用芝麻梗带壳束悬树上。

【译文】

冬青树嫁接到梅花上，就会长出洒墨梅来。

用麻饼水浇灌石榴树，果实更多。

种植石菖蒲，如果又蔫又黄，可以洒点鼠粪。

花树如果有虫孔，用硫黄末塞住即可。

木樨被蛀了，把芝麻秆带壳绑成一束挂在树上即可。

鸟兽

【原文】

小犬吠不绝声者，用香油一蚬（xiǎn）壳灌入鼻中，经宿则不吠。

乌骨鸡舌黑者则骨黑；舌不黑者但肉黑。

母鸡生子，与青吃，则长生，不抱子。

【译文】

小狗如果叫个不停，就装一蚬壳香油灌到它鼻子里，一个晚上都不会叫。

乌骨鸡如果舌头黑那骨头也黑；舌头不黑的就只肉黑。

母鸡下蛋后，若给它青麻子吃，就会长生，但不孵蛋。

【原文】

竹鸡叫，可去壁虱并白蚁。

鹘（gǔ）带帽飞去，立唤则高扬去，伏地叫则来。

鸡黄双者，生两头及三足。

猫眼知时候，有歌曰："子午线，卯酉圆，寅申巳亥银杏样，辰戌丑未侧如钱。"

【译文】

竹鸡的叫声，可以去除壁虱和白蚁。

鹳鸟带帽飞走，如果站着叫它就会高飞而去，趴在地上叫它就会回来。

鸡蛋若有双黄的，孵出的小鸡就是两个头和三只爪。

猫眼知道时间，有歌谣这么唱："子（半夜）、午（正午）之时眯成线，卯（凌晨）、酉（黄昏）之时滴溜圆，寅、申、巳、亥像银杏，辰、戌、丑、未像铜钱。"

虫鱼

【原文】

鱼瘦而生白点者，名虱，用枫树皮投水中，即愈。

鳖与蝤蛑（yóu móu）被蚊子一叮，即死。

水中浮萍晒干，熏蚊子则死。

马蚁畏肥皂。

蛇畏姜黄。

【译文】

养的鱼如果变瘦而且身上还生一种白点，那就是有虱子了，把枫树皮扔到水里，就能治好。

鳖和梭子蟹若是被蚊子叮一口，马上就死。

把水里的浮萍晒干，用来熏蚊子，蚊子立马就死了。

蚂蚁怕肥皂。

蛇怕姜黄。

【原文】

稻草索悬数条于壁上，则蝇不来。

蚕畏雷，亦畏鼓，闻鼓声则伏而不起。

令蛙不鸣，三五日以野菊花为末，顺风吹之。

辟蝇，腊月猪油以瓶悬厕壁上。

【译文】

在墙上挂几条稻草绳索，苍蝇就不会来。

蚕怕雷，也怕鼓声，听到鼓声就趴着不起来。

想让青蛙不叫，在月中时把野菊花研为粉末，顺风吹撒即可。

防蝇的方法，把腊月里的猪油装在瓶子里悬挂在厕所的墙壁上。

卷二十 方术部

符咒

【原文】

治脚麻法，口称木瓜曰："还我木瓜钱，急急如律令！"一气念七遍，即止。

【译文】

治脚麻的方法，嘴里对木瓜说："还我木瓜钱，急急如律令！"一次念七遍，脚就不麻了。

【原文】

治疟咒饼法，先面东烧香虔诚，于油饼中书一"摊"字，以笔圈之，从左边圈三次，将饼于香上诵"乾元亨利贞"七遍。当发日，早掐取所书字，用枣汤嚼饼食之，无不效。

【译文】

对着油饼念咒语治疗疟疾的方法，先面朝东虔诚烧香，在油饼中间写一个"摊"字，用笔画圈围住，从左边圈三次，拿油饼到香上诵"乾元亨利贞"七遍。在疟疾发作的那天，早上把油饼写字的地方掐出来，和着枣汤嚼着吃了，很有效果。

方法

【原文】

妇人怀娠[1]欲成男者，以斧密置床下，以刀口向下，必生男。鸡伏卵，用此法，亦多成雄。

【注释】

①娠（shēn）：胎儿在母体中微动，泛指怀孕。

【译文】

怀孕的女子要想生男孩，把斧头偷偷放在床底下，刀口向下，则一定生男孩。鸡孵蛋，用这个方法也可生出很多公鸡。

【原文】

皂荚水触人眼，痛不可忍，持衬衣角揩之，即愈。

【译文】

皂荚水如果不小心溅入眼里，痛得无法忍受，可以用衬衣的衣角来擦，就不痛了。

【原文】

凡患偷针眼者，以布针一条，对井以目睛睨[①]视之。已而，折为两段，投井中，眼即愈，勿令人知。

【注释】

①睨（nì）：斜着眼睛看。

【译文】

凡是患了偷针眼的人，取一条布针，对着井用眼睛斜着看它。然后，折成两段，扔到井里，眼睛就好了，但是不能让别人知道。

【原文】

有脚汗人，岁朝[①]密立于捣衣石上，即愈。

【注释】

①岁朝：阴历正月初一。

【译文】

爱出脚汗的人，可以在正月初一的时候偷偷站在捣衣石上，就能治好。

【原文】

护生草，清明绝早取荠菜花茎，阴干，暑月作挑灯杖，能令蚊蛾不至。

【译文】

护生草，清明时早早取来荠菜花的茎，阴干，夏天用来当挑灯杖，可以驱赶蚊子和飞蛾。

【原文】

灯草于腊月内取溪河水浸七昼夜，阴干，夏月点灯，能去青虫。

【译文】

在腊月，将灯草用溪河水浸泡七天七夜，阴干，在夏季用来点灯，能驱除青虫。